PIERRE ANGEL   PATRICK AMAR

IL MULINO

ISBN 978-88-15-12471-5

INDICE

PRESENTAZIONE DELL'EDIZIONE ITALIANA

La crescente e rapida diffusione di esperienze di coaching nei contesti di lavoro europei e americani può destare una notevole curiosità, mista al lieve sospetto che l'entusiasmo, che quasi sempre accompagna i resoconti di esperienze di coaching, non aiuti a capire in cosa consista questo insieme di attività e quali effetti duraturi possa determinare.

Si stanno forse dando nuove etichette a fenomeni, processi e pratiche che in realtà sono sempre esistiti? In fondo, aiutare gli individui a inserirsi produttivamente in un'organizzazione, socializzare con efficacia alla vita del gruppo di lavoro e dell'organizzazione nel suo complesso, facilitare la presa in carico personale del lavoro da svolgere, migliorare le capacità di prestazione, sostenere e offrire feedback adeguati al lavoratore, promuovere un migliore equilibrio tra vita lavorativa e personale, ecc., costituiscono intenzioni ragionevoli e, talvolta, pratiche sensate che dovrebbero caratterizzare un'organizzazione sana e attenta a preservare il valore del suo capitale umano.

Ma le cose non stanno sempre come si raccontano e le organizzazioni non sono necessariamente sempre coerenti con le proprie dichiarazioni *vision*/arie o *mission*/arie quando trattano con le persone. Con questo stato d'animo iniziale un po' sospettoso ci siamo dunque posti qualche domanda su cosa si cerca di affrontare con il coaching: si tratta di una misteriosa panacea per le difficoltà di allineare le competenze delle persone alle mutevoli richieste organizzative? Costituisce una nuova tecnica di gestione delle persone sul lavoro affinché esse si coinvolgano più volentieri nel perseguimento degli obiettivi organizzativi? È in gioco una spinta a migliorare l'apprendimento lavorativo dei giovani manager per ottenere performance superiori alla media? Si sta intensificando l'uso di uno strumento di sostegno relazionale alle decisioni rese più complesse e sistematiche dai cambiamenti dei modi di lavorare? Adottando questo dispositivo consulenziale l'organizzazione intende farsi carico dei dinamismi soggettivi insiti nella produzione di servizi ad alta richiesta cognitiva, emotiva e relazionale? Inoltre, questo tipo di attività ha a che fare con l'attuale tendenza alla cosiddetta «personalizzazione dei rapporti di lavoro»? Oppure si collega alla richiesta che i lavoratori si assumano maggiori responsabilità dirette in un contesto occupazionale fluido, che tende a ridurre le opportunità di percorsi lineari e preformati di carriera organizzativa?

Interrogativi, questi, non pleonastici né provocatori. In essi si esprime l'esigenza di avere un qualche criterio con cui giudicare il significato di tali esperienze, soprattutto considerando la posta in gioco: migliorare la relazione tra persona e lavoro rendendo più efficaci le prestazioni e i contesti sociali dove si realizzano.

Il modo in cui Angel e Amar hanno concettualizzato la loro esperienza didattica e di coach condotta a Parigi, così come viene illustrata in questo libro, ci ha permesso di sospendere il nostro pregiudizio iniziale; essi infatti ci propongono una visione chiara e ben circostanziata della natura e delle modalità operative del coaching. Gli orientamenti generali del volume inoltre sono confermati anche dalla letteratura internazionale [Feldman e Lankau 2005].

Il coaching appare, in primo luogo, come un servizio di consulenza alle persone che operano in posizioni importanti per l'organizzazione. Esso è caratterizzato da un insieme di tecniche (di consultazione, assistenza, istruzione, feedback costruttivo) finalizzate ad aiutare la persona a migliorare la propria prestazione, a motivarsi all'impegno, a sviluppare competenze professionali e a potenziare la consapevolezza di possederle. In secondo luogo, tali tecniche, giustificate da una molteplicità di approcci teorici in larga parte psicologici, sono fortemente influenzate nel loro uso dalla qualità della relazione interpersonale di aiuto, sostegno, attivazione, confronto che determina il *setting* operativo.

In questo senso il coaching si caratterizza come un *processo psicosociale di aiuto* e come uno *spazio specifico di co-costruzione dei significati* della propria presenza organizzativa da parte del lavoratore (ci si riferisce in prevalenza a *middle* e *senior* manager) attraverso il confronto con un professionista che riveste il ruolo di coach. In concreto, gli elementi chiave della relazione di coaching sono rappresentati da: *a*) la costruzione di una relazione di consulenza «uno a uno» su questioni focalizzate, in genere lavorative; *b*) la definizione di una valutazione globale e condivisa dei punti di forza e di debolezza della persona che chiede esplicitamente aiuto; *c*) l'intenzione, dichiarata e contrattualizzata, di potenziare l'efficienza del lavoratore nel gestire il suo ruolo e i suoi compiti lavorativi, trovando il punto di equilibrio migliore tra lavoro e vita personale.

Quella che si prefigura è una nuova *nicchia professionale* che mette in luce e seleziona un sottoinsieme di attività di aiuto e di consiglio (per l'apprendimento, la soluzione di problemi concreti, l'integrazione socioprofessionale, la stima di sé, ecc.) svolte in precedenza in maniera informale e ora, appunto, professionalizzate ovvero affidate a persone competenti.

Infatti – come ci dicono Angel e Amar – il coaching entra in un territorio, presidiato da molte professioni di aiuto già conosciute, ma relativamente aperto a nuovi profili professionali che offrono consulenza alla persona.

Pertanto, vale la pena insistere sulle possibili novità che questo dispositivo apporta, in particolare sulla scena della gestione delle risorse umane.

Potremmo dire, intanto, che nella storia appena ventennale di questo servizio di consulenza personalizzata si profilano alcune rappresentazioni parziali o erronee del medesimo [Wright 2005]. Una di tali rappresentazioni considera il coaching una nuova modalità di valutazione e di regolazione del lavoro che i manager possono adottare influenzando il sistema di premi/punizioni tipico di un'organizzazione.

In realtà, esso non si basa sul controllo delle prestazioni effettuate, sulla loro valutazione *ex post* e sulle risposte reattive, più o meno favorevoli, che possono essere manifestate dal manager rispetto ai propri collaboratori. Riguarda, al contrario, l'assunzione di un approccio proattivo, di un atteggiamento gestionale preventivo di «accompagnamento» dell'interlocutore, con cui si sostengono e rafforzano le capacità del singolo collaboratore di migliorare da solo la propria prestazione, essendo aiutato a scoprire e sfruttare con oculatezza ed efficacia le proprie risorse. Peraltro, l'assunzione di una tale prospettiva tende a mostrare le forti sovrapposizioni tra le modalità di *counselling* di carriera realizzate in alcuni contesti organizzativi e quelle del coaching.

Anche considerare il coaching come una nuova tecnica di formazione rischia di risultare fuorviante. I confini tra coaching e training possono essere laschi perché in entrambi i casi si arricchiscono competenze lavorative o ci si sforza di rendere consapevoli le persone del possesso di competenze utili a migliorare la prestazione. Tuttavia, nel coaching non sono in gioco piani formali di apprendimento finalizzato, decisi dall'esterno e prevalentemente orientati ad acquisire nuovi saperi. Il focus è sui bisogni della persona nella specifica situazione lavorativa e, più che sull'ampliamento delle cognizioni, il processo appare mirato allo sviluppo di capacità metacognitive, al potenziamento della consapevolezza dei propri modi di sentire l'esperienza lavorativa e alle possibilità di una migliore autoregolazione degli atteggiamenti, delle emozioni, dell'impegno lavorativo e delle capacità operative.

Spesso anche il *mentoring* è stato chiamato in causa come processo psicosociale assimilabile al coaching, nella misura in cui ha per finalità lo sviluppo di conoscenze e competenze. In realtà, gli elementi differenziali emergono chiaramente nell'esperienza concreta piuttosto che da una definizione concettuale. Il mentore, infatti, è un operatore *senior* della stessa organizzazione del proprio *protégé*, che opera con lui per un tempo relativamente lungo, avvia la relazione sulla base di una scelta di mutua attrazione professionale e sviluppa tale relazione conservandone il tratto di informalità, trasferisce conoscenze in modo più diretto (fornendo esempi e modelli di azione) ed è esplicitamente orientato a facilitare e sostenere la carriera organizzativa del suo giovane protetto.

Più evidente risulta la distinzione tra il coaching e le varie forme di *tutoring* offerte da un'organizzazione soprattutto nella fase di ingresso lavorativo o presenti in numerosi ambiti formativi. In questo caso appare prioritaria e più esplicita la funzione di sostegno all'apprendimento professionale (modelli di azione, stimoli alla riflessione e metacognizione, ecc.), analogamente a quanto avviene tipicamente nel tirocinio e apprendistato professionale.

Nel complesso si potrebbe comunque affermare che queste varie modalità di intervento personalizzato con cui si affrontano attualmente le attività di inserimento e sviluppo professionale dei collaboratori rappresentano un segnale interessante di ampliamento delle tradizionali pratiche di socializzazione organizzativa. Da questo punto di vista anche il coaching andrebbe inteso come pratica di socializzazione organizzativa assistita, ma autodiretta, che può divenire un mezzo di motivazione all'agire professionale e, dunque, produrre effetti sulla qualità delle prestazioni finali.

Un'altra rappresentazione fuorviante concerne la continuità/occasionalità del lavoro di coaching, spesso attuato in contesti aziendali dagli stessi manager quando, ad esempio, intendono assumersi la responsabilità di affrontare, con modalità non solamente prescrittive e di controllo, il problema di performance inferiori alle attese nei loro collaboratori. In questo caso la rappresentazione della pratica di coaching interno come ricetta occasionale sembra contrastare con l'intenzione di realizzare interventi di aiuto efficaci. L'estemporaneità impedisce di cogliere il significato di un'interazione sociale che richiede un tempo ragionevole (anche se relativamente breve) per attuarsi e che raramente può sostenersi su una dimensione gerarchica. Essa si qualifica per la continuità e l'adeguatezza di uno spazio dialogico e di sostegno reso disponibile per lo scambio tra le persone. Solo l'atteggiamento di ascolto attivo delle domande e i feedback continuativi possono incoraggiare il lavoratore ad accettare la funzione di coach svolta dal manager e ad aprirsi all'autoriflessione, alla presa di decisione sul proprio operare, riducendo anche le percezioni di controllo e di obbligo che una relazione asimmetrica comunque tende ad attivare. In questo senso Krazmien e

Berger [1997] concludevano la loro riflessione sostenendo che, affinché il coaching interno possa funzionare, i manager devono avere una più chiara comprensione delle loro doti e capacità manageriali come pure della necessità che esse assumano un'esplicita ed effettiva connotazione relazionale incorporando il modo di agire del coach nel repertorio degli strumenti tecnici con cui gestire le risorse umane.

In effetti, la creazione di funzioni di *executive coaching*, che è stata una delle modalità iniziali di sviluppo di questo tipo di intervento [Tanucci e Cortini 2005], prevede un contesto di fiducia nelle relazioni interpersonali e organizzative oltre che un clima di apertura e di ascolto partecipe non facilmente ricreabile nei contesti di lavoro anche laddove prevalgano le filosofie umanistiche dello sviluppo organizzativo e si intenda agire per la promozione delle persone e per lo sviluppo delle loro carriere. Peraltro, tali approcci, sostanzialmente individualisti, sono stati costretti a fare i conti molto spesso con le diversificazioni di interessi (competizioni, conflitti) di natura collettiva espresse da gruppi formali e informali, sulle quali si costruisce in concreto la vita organizzativa, diversificazioni che stanno alla base dei processi cognitivi, psicosociali e politici attraverso i quali si evidenziano i reali dinamismi dell'organizzazione.

Il tema della fiducia risulta centrale sul piano culturale e tecnico per il fatto che il coaching entra in un «territorio di miglioramento» della persona che non è solamente di carattere cognitivo, ma affettivo e relazionale. Appare dunque assai contiguo allo spazio soggettivo della terapia (del resto il background teorico appare quasi il medesimo), soprattutto laddove i confini dell'intervento sono sfumati interessando sfere della vita personale (*life* e *personal coaching*) e fattori di incertezza e disagio. In ogni caso, si deve ricordare che lo sforzo di distinguere tra questi due dispositivi è in atto da tempo, seppure con qualche difficoltà insita nel fatto che il modo di operare e la metodologia restano comunque di tipo clinico. Le differenze principali sembrano essere nell'obiettivo dell'approccio clinico e nelle conseguenti autolimitazioni, di natura deontologica, del campo di azione, assicurate da un professionista ben consapevole del differente mandato con cui agisce. Da un lato, la «riscoperta del passato», che causa disagio e attiva la ricerca di cure e rimedi, dall'altro, la «proiezione sul futuro», che stimola la scoperta di potenzialità da trasformare in capacità di azione.

Forse anche per queste ragioni la breve storia del coaching pare orientarsi su forme di consulenza esterna o su forme miste (interne-esterne) centrate su una figura professionale preparata e deontologicamente ben orientata nel creare condizioni di comunicazione e scambio sociale nelle quali le persone possano cogliere il senso del proprio valore e confrontarsi con quello degli altri e dell'organizzazione di cui fanno parte.

Ciò spiega l'impegno delle associazioni di coaching nel definire linee guida, nel fissare principi deontologici e nell'avviare una riflessione sul tipo di conoscenze e preparazione indispensabili per operare. Questi segnali sono tipici di un gruppo professionale emergente che cerca di ottenere una legittimazione sociale per il proprio agire e assicurarsi spazi riconosciuti di intervento, più o meno esclusivi in relazione ad altri gruppi professionali contigui. Tuttavia, se è vero che in questi ultimi anni vi è stata una crescente e tumultuosa offerta di coaching sul mercato consulenziale appare ancora titubante la domanda effettiva, in molti paesi, da parte delle imprese. Esse chiedono di capire meglio il valore di questa attività abbastanza costosa e i vantaggi che può offrire rispetto ad interventi professionali relativamente simili [Bluckert 2004].

Riconoscere che ci troviamo di fronte all'inizio di un processo di professionalizzazione, di cui ci parlano anche Angel e Amar nell'ultima parte del volume, non esclude di dover segnalare aspetti di criticità che meriterebbero di essere approfonditi attraverso una attenta analisi delle esperienze di coaching che si stanno accumulando.

In primo luogo, non ci si può accontentare di definizioni più o meno ricche e suggestive per cercare di distinguere forme contigue e talora sovrapposte di attività consulenziali di sviluppo della persona. Le «forme pure» di tali attività sono ben distinguibili concettualmente, ma esistono sul serio nei contesti operativi? Probabilmente andrebbero identificati e verificati nella pratica gli effettivi pattern di attività consulenziali (a prescindere dall'etichetta attribuita) che ottengono risultati tangibili per lo sviluppo di potenzialità professionali. In secondo luogo, proprio il problema degli esiti dovrebbe essere tenuto sotto controllo al di là delle intenzioni e degli obiettivi dichiarati con grande entusiasmo. Al momento ci sono pochi studi sistematici, di tipo comparativo o svolti con tecniche di misura pre/postintervento, sugli *outcomes* a breve e medio termine degli interventi di coaching; così pure, scarsa attenzione è dedicata ai criteri da adottare per una valutazione di tali risultati a livello individuale (quantità e qualità dell'apprendimento del cliente e tipo di cambiamenti comportamentali), a livello di gruppo (variazioni nell'efficienza ed efficacia) e a livello di organizzazione (cambiamenti di pratiche organizzative).

Questi due aspetti ci sembrano alla base della direzione che può prendere il processo di professionalizzazione del coaching nei contesti di lavoro. Al momento attuale i campi di intervento, gli approcci, gli attori, le modalità di azione sono infatti così diversificati da rendere difficile una chiara delimitazione concettuale e operativa di questa attività. Assumere dunque una prospettiva di valutazione basata sulle evidenze empiriche dei risultati del coaching ci aiuterebbe a superare la sensazione di trovarci di fronte a una «scatola nera» apparentemente funzionante, ma che potrebbe avere pochi avvocati difensori alle prime avvisaglie di difficoltà.

GUIDO SARCHIELLI

PIERRE ANGEL PATRICK AMAR

IL COACHING

INTRODUZIONE

Le società occidentali stanno affrontano una profonda crisi di senso in relazione all'indebolimento dei tradizionali punti di riferimento rappresentati dai sistemi confessionali, professionali, familiari e ideologici. Seppure in presenza di queste difficoltà esistenziali, individuali e collettive, il lavoro continua ad occupare una posizione importante e talvolta centrale nella definizione dell'identità degli individui.

La carriera personale e professionale può così divenire un significativo organizzatore della vita e un elemento fondante della sua finalità, espresso attraverso una ricerca dell'eccellenza e della performance. Come ben sappiamo l'attività professionale dell'individuo si sviluppa oggi in un contesto economico caratterizzato da complessità, competitività e precarietà crescenti. Il mondo dell'impresa è attraversato da cambiamenti così rilevanti (globalizzazione, internazionalizzazione, nascita di nuove tecnologie, ristrutturazioni, ecc.) che modificano le relazioni nel lavoro e il ruolo degli attori dell'organizzazione, con ripercussioni significative sui loro atteggiamenti e i loro comportamenti. Oltre a dovere rispondere alle esigenze di ordine tecnico, l'individuo è sempre più spinto anche verso competenze di natura relazionale ed emozionale, per le quali non è necessariamente preparato e che sono però indispensabili alla creazione di valore aggiunto per sé e per gli altri.

Questa crescente complessità del contesto pone domande sempre più impellenti sullo sviluppo della persona in campo professionale e sulla ricerca di senso nella sua azione. Dunque diviene importante, per ciascuno, sviluppare le proprie competenze e il proprio potenziale, pur sfuggendo alla tentazione di simbiosi con la propria organizzazione; mantenere un equilibrio tra essere, fare e affermare la propria individualità, pur aderendo ad una visione strategica condivisa con l'organizzazione. Il processo di accompagnamento attuato dal coaching intende fornire alcune risposte nell'ambito di questa ricerca di un soddisfacente equilibrio tra persona e organizzazione.

In Francia il coaching si è sviluppato in maniera significativa da più di una decina di anni. Esso trae l'ispirazione iniziale da pratiche proprie dell'ambito sportivo, penetra progressivamente nel mondo dell'impresa e si collega a strumenti con simili finalità già presenti sulla scena e orientati a sostenere le persone in un contesto di competizione, di ricerca dell'eccellenza e di miglioramento delle prestazioni. Il coaching si contraddistingue come un processo di accompagnamento destinato a favorire un ambiente di crescita e di ottimizzazione del potenziale di un individuo o di un gruppo di persone nel rispetto della loro integrità.

L'intervento di coaching crea uno spazio dove la persona può, nell'ambito di una relazione intersoggettiva specifica e attraverso legami sociali stimolanti, «ottimizzare le sue carte», superare gli ostacoli al proprio sviluppo, fare emergere o acquisire nuove abilità e conoscenze ed attuare un piano di miglioramento della propria prestazione.

Il coaching instaura un particolare incontro tra individui basato su saper-essere e saper-fare per promuovere e orientare le risorse del cliente verso una migliore performance. Il quadro generale di questo incontro si colloca in un ampio campo, necessariamente pluridisciplinare, che integra teoria e pratica delle scienze sociali e del mondo organizzativo ed economico. L'intervento di coaching è scandito da una strategia d'azione, caratterizzata da una metodologia e da specifici strumenti, che si sostiene sulle domande del cliente e sulle attese che ne derivano. Attraverso una sorta di maieutica, coach e cliente si trovano a condividere uno spazio di elaborazione e di co-costruzione di soluzioni per far emergere o liberare coerenza e finalità ad un'azione o a pratiche professionali.

L'obiettivo del presente volume è quello di presentare il coaching in modo sintetico e in una prospettiva di pluralismo teorico che vuole evitare, al tempo stesso, sia un dogmatismo riduttivo, centrato su un solo sistema, sia anche i pericoli di un eclettismo disordinato. Il termine «coaching» definisce anche un campo in rapida espansione, che associa un numero considerevole di pratiche eterogenee e varie in ambito sportivo, professionale e personale. Nel testo ci limiteremo a prendere in considerazione il coaching in ambito professionale.

La relazione di aiuto in ambito organizzativo prende in prestito concetti, tecniche e strumenti sia dai modelli teorici dell'organizzazione sia dal vasto campo della psicologia clinica, in una pratica che sembra già ben circoscritta e con una propria fisionomia professionale.

CAPITOLO PRIMO

DEFINIZIONE E SPECIFICITÀ

1. *Definizione e tipi di coaching*

Il coaching in ambito professionale è un processo di accompagnamento di una persona o di un gruppo di persone al lavoro, che ha come obiettivo l'ottimizzazione del potenziale degli individui. L'intervento di coaching crea uno spazio dove la persona può: superare ciò che rappresenta un ostacolo al proprio sviluppo, esprimere le proprie aspirazioni, acquisire nuove competenze e mettere a punto un piano per migliorare la propria performance. Questa modalità di intervento si differenzia dalle altre pratiche organizzative, come il *counselling*, il *mentoring* o la formazione (*tutoring*), perché si pone come un'attività di co-costruzione e co-elaborazione tra coach e cliente fondata sul valore della relazione intersoggettiva.

La filosofia del coaching si basa sull'assunto secondo il quale il cliente (*coachee*) possiede un potenziale inespresso, egli cioè ha già in sé le competenze necessarie per trovare le soluzioni e raggiungere risultati anche straordinari. In quest'ottica il coach agisce semplicemente da catalizzatore e facilitatore di cambiamento canalizzando e orientando le energie del cliente. In un certo modo, questa pratica di intervento organizzativo assomiglia ad una maieutica nella quale lo sviluppo è generato dal cliente attraverso un particolare dispositivo strutturato a partire da un saper-fare e un saper-essere del coach. Quest'ultimo non dà consigli, non propone soluzioni, ma agevola nel cliente la consapevolezza e la presa di coscienza delle sue potenzialità.

La credenza del coach nelle capacità e nelle conoscenze inespresse dell'altro è necessaria per diversi motivi:

- condiziona e struttura la relazione che si va a stabilire tra i due partner;

- crea nel cliente un fenomeno di accrescimento, portatore di speranza, di superamento e di dinamismo che ritorna nell'interazione;
- assicura che la crescita e le soluzioni emerse nel coaching sono quelle del cliente e quindi immediatamente assimilabili e utilizzabili da quest'ultimo;
- responsabilizza il cliente e, paradossalmente, rinforza la sua autonomia nella realizzazione del suo progetto professionale.

Un considerevole numero di problematiche di tipo personale, relazionale, tecnico e di sviluppo possono divenire oggetto di un'azione di coaching e condizionare il modo in cui si svolgerà sul piano concreto.

Possiamo distinguere tra *coaching individuale* o *coaching della persona*, quello più classico, e *coaching di gruppo*. Se in entrambi i casi l'obiettivo perseguito è un miglioramento della performance degli individui coinvolti, le tecniche e gli strumenti utilizzati sono necessariamente differenti.

Il *coaching individuale* raggruppa una vasta serie di interventi su problematiche quali, ad esempio, il miglioramento dell'efficacia personale, la gestione di un team, la gestione di situazioni interculturali, l'immagine di sé, i problemi relazionali e la comunicazione interpersonale, la gestione dello stress, del tempo, la stimolazione della creatività, la ricerca di coerenza nelle proprie azioni, ecc. Il coaching individuale può essere distinto a seconda del tipo di problematica affrontata e del ruolo del cliente all'interno dell'organizzazione: ad esempio, una problematica puntuale richiede un approccio di tipo «risoluzione del problema», di qualche seduta, oppure di una sequenza di sedute in un'ottica a più lungo termine e un intervento centrato sullo sviluppo professionale della persona e sulla messa in atto di una strategia efficace per affrontare e risolvere il problema; una problematica individuale (talvolta al limite del campo terapeutico) oppure preoccupazioni e problematiche relazionali necessitano, ad esempio, di un approccio più sistemico e di contesto. Ci sono poi gli interventi focalizzati sui diversi livelli organizzativi, come il coaching per manager e per dirigenti. A tale proposito, seppure un certo numero di azioni che riguardano il coaching per manager e quello per dirigenti si assomiglino, la loro complessità cresce a seconda del ruolo occupato: agli aspetti operativi e relazionali si sovrappongono spesso, nel caso del dirigente, aspetti più globali e in coerenza con la visione dell'organizzazione, dei differenti poteri e della finalità della sua azione. Il dirigente, peraltro, più ancora del manager, si trova in una situazione di «solitudine», prigioniero del fantasma dell'altro e spesso nell'incapacità di chiedere aiuto.

Il *coaching di gruppo* punta al miglioramento della performance collettiva del gruppo stesso attraverso: *a*) il rinforzo della coesione (prendendo in prestito alcuni aspetti del *team building*); *b*) la coerenza e l'accordo sugli obiettivi comuni da raggiungere; e *c*) il contributo di ciascuno dei membri alla definizione di una strategia condivisa e catalizzatrice di energie.

Il coaching di gruppo mira a sviluppare e ottimizzare sinergie relazionali, che andranno a definire il tutto, rappresentato dal gruppo, che sarà nettamente superiore alla somma delle singole parti, cioè dei singoli individui.

La gestione delle relazioni rappresenta un aspetto fondamentale nell'azione di coaching e si realizza tramite: l'osservazione delle dinamiche del gruppo, l'ascolto e il dialogo all'interno del gruppo, la negoziazione e la risoluzione dei conflitti e un accurato lavoro di armonizzazione delle interazioni tra i soggetti, a partire dalla comunicazione e metacomunicazione. Il lavoro sulle dinamiche relazionali è essenziale, in quanto serve a:

- aiutare a superare certi blocchi o rigidità del gruppo;
- consentire a ciascuno di esprimere al meglio le proprie potenzialità;
- delineare una visione condivisa e sostenuta da tutti i membri.

Fondamentalmente, il coaching di gruppo punta ad un duplice traguardo: *a*) da un lato l'acquisizione, da parte di tutti i membri, di una maggiore autonomia, fattore chiave per innescare i processi di mobilitazione e superamento degli ostacoli del gruppo, e *b*) dall'altro, altrettanto importante, la comprensione della necessità di un'interdipendenza che permette di ottimizzare e orientare le performance del gruppo verso un obiettivo condiviso e partecipato.

Il coaching di gruppo si spiega anche a livello operativo attraverso la comprensione e la diagnosi sistematica delle dinamiche del gruppo, la definizione e l'evoluzione di una strategia comune e l'organizzazione, la sistematizzazione e il miglioramento dell'azione.

2. *Storia e sviluppo*

Il termine inglese *coaching* è tratto dal verbo *to coach*, che significa generalmente «allenare», «accompagnare», «motivare», soprattutto in ambito sportivo. Tale termine in realtà deriva etimologicamente dal francese *coche* (derivato a sua volta dall'ungherese *kocsis* o dal ceco *koczi*), che, nel XVI secolo, identificava una grande vettura per il trasporto dei viaggiatori, trainata da cavalli e condotta da un «cocchiere». Quest'ultimo, di fatto, è una persona che accompagna dei viaggiatori da un punto a un altro, ovvero da dove le persone sono a dove vogliono andare. Ciò evoca bene l'aspetto di «traghettatore» o di «guida» che riveste la funzione del coach. Nell'antichità il cocchiere era anche colui che stava a fianco del principe ed era incaricato di condurre il carro durante la battaglia. Se la parola «coaching» è derivata dal francese prima di diventare inglese, la sua ri traduzione nel francese moderno si rivela ardua. Il termine «accompagnamento» risulta probabilmente quello più soddisfacente.

La terminologia anglosassone rimanda il coaching al contesto sportivo, come conferma anche il dizionario francese Le Petit Robert definendo il termine come «l'addestramento di uno sportivo o di una squadra». In effetti, questa nozione ci porta negli Stati Uniti degli anni '50-60, quando gli allenatori sportivi, i coach per l'appunto (particolarmente nel calcio americano), sottolineavano la necessità, oltre all'allenamento fisico del campione, di un approccio olistico, che includesse anche importanti dimensioni cognitive ed emozionali. Il coach è così la figura che aiuta il campione a: *a*) sviluppare le sue competenze (dall'allenamento fisico alla preparazione mentale, alla gestione dello stress e delle emozioni); *b*) a stimolare la sua motivazione; *c*) a predisporsi al meglio per la gara; e *d*) ad ottimizzare le sue performance attraverso un accompagnamento multidimensionale che unisce corpo e spirito.

È a partire dagli anni '80 che il termine «coaching», dall'ambito sportivo, si estende anche a quello aziendale, dove le interrogazioni e i confronti in termini di competizione, eccellenza e bisogno di superamento dei limiti giustificano l'adozione di un tale approccio. Il coaching, inizialmente riservato unicamente ai top manager, si diffonde progressivamente anche ai quadri e ai funzionari della pubblica amministrazione.

In Francia il coaching compare per la prima volta nel mondo dell'impresa agli inizi degli anni '90. Oggi è in rapida espansione tra dirigenti, quadri ad elevato potenziale e manager. Una tendenza più recente è la generalizzazione delle applicazioni del coaching ad altri campi molto eterogenei. La richiesta di *life coaching*, come processo di accompagnamento personale di vita, riscopre una serie di bisogni (sostegno nelle decisioni, lavoro sulla crescita personale, ottimizzazione delle scelte di vita, ecc.) che rimandano ad una domanda ancor più essenziale dell'individuo alla ricerca di aiuto e di riferimenti per la propria vita personale e professionale.

3. *Perché il coaching*

La necessità di ricorrere ad un aiuto esterno di fronte alle difficoltà e agli interrogativi della propria vita quotidiana sembra essere una pratica ancestrale. Attualmente questo tipo di aiuto è apportato, con una minore o maggiore bontà o efficacia, da figure differenti, che possono essere, a seconda dei casi: l'amico, il compagno di vita, il medico di famiglia, il consigliere finanziario o fiscale, il terapeuta, il professore, il collega di lavoro, ecc. Il coaching si apre quindi uno spazio all'interno del mercato concorrenziale ed eterogeneo dell'offerta di aiuto agli altri, partendo da tecniche, strumenti e da un campo di applicazione – il campo professionale – su cui fonda e integra le sue specificità.

La comparsa e la diffusione del coaching riflettono un insieme di tendenze di fondo della società e dei bisogni personali dell'individuo. A livello sociale il coaching risponde ad un contesto economico sempre più competitivo e complesso che richiede una maggiore flessibilità nelle competenze e nei comportamenti: le riorganizzazioni, l'internazionalizzazione, l'evoluzione delle tecniche di management e di valutazione, la nascita di nuove tecnologie, sono solo alcuni dei fenomeni che chiamano in causa cambiamenti sempre più frequenti e una maggiore capacità di adattamento. Alla logica meccanicista e gerarchica dell'organizzazione si vanno a sovrapporre modelli informali, spesso più motivanti, ma anche necessariamente più complicati per l'individuo. Tale complessità richiede una metabolizzazione dell'informazione più importante, che può essere favorita da un momento di distacco e da un'alternanza tra azione e riflessione proposta nello spazio del coaching.

Peraltro, la continua terziarizzazione dell'economia e la necessità di spostarsi verso attività con un più forte valore aggiunto di carattere cognitivo hanno come conseguenza il bisogno di pensare di più e obbedire semplicemente di meno. Da qui l'importanza di sviluppare e mantenere nell'interdipendenza comportamenti autonomi. Questa terziarizzazione pone anche l'accento sull'importanza delle componenti relazionali ed emotive, al di là degli aspetti puramente tecnico professionali. Competenze che, fino ad ora, sono state poco sviluppate in una carriera. In questa nuova distribuzione economica, al di là del continuo sforzo verso un'accresciuta produttività, che ha necessariamente i suoi limiti, la risorsa umana emerge ancora di più come elemento fondante ed essenziale per la creazione di valore aggiunto che bisogna ottimizzare. Il coaching è uno strumento di questa politica di ottimizzazione e di differenziazione delle risorse.

Queste tendenze economiche hanno delle conseguenze e fanno eco ad alcuni bisogni dell'individuo. E con l'indebolimento dei punti di riferimento professionali/confessionali, familiari e politici, spesso, le persone, nella ricerca della propria identità, attribuiscono una posizione centrale al lavoro. La carriera appare così come un elemento strutturante della vita e partecipe della sua finalità attraverso la ricerca della migliore performance, che bisogna coltivare in un ambiente economico esigente. Lo «spazio e l'occasione di rispecchiamento» offerto dal coaching permette un'osservazione e una riflessione organizzate e sistematizzate da terzi delle esperienze e conoscenze.

Peraltro, i cambiamenti che hanno investito le aziende hanno indebolito la relazione tra dipendente e datore di lavoro rendendo sempre più precario il legame puramente giuridico-contrattuale. Di fronte a tale precarietà lavorativa è essenziale che il dipendente mantenga e sviluppi le sue capacità di adattamento in relazione al cambiamento. Questo nuovo rapporto di lavoro contribuisce anche ad un individualismo crescente tra i quadri che richiedono non solo di essere pagati, ma anche riconosciuti e accompagnati nelle loro specificità. L'attenzione si focalizza, così, sullo sviluppo personale delle competenze. Tutti questi elementi contribuiscono alla diffusione del coaching in ambito organizzativo.

Da un punto di vista pratico la richiesta di coaching deriva dalla scoperta di un problema di ordine tecnico, personale, relazionale che beneficerebbe dello stimolo efficace rappresentato dalla relazione a due. Inoltre, la domanda di coaching è fondamentalmente la ricerca di una maggiore coerenza e di senso nell'azione. Questa coerenza consente di allineare i valori professionali a quelli personali, di mantenere un equilibrio tra saper-essere e saper-fare e di affermare la propria individualità, pur essendo in prima persona erogatore di performance e condividendo una visione strategica dell'organizzazione. Tale ricerca di senso deve, peraltro, chiarire la finalità dell'azione e inquadrarla in una prospettiva più comprensibile e stimolante per l'individuo.

La richiesta di coaching scaturisce anche dalla preoccupazione di fuggire dalla solitudine. Fantasma per gli altri, prigioniero del suo ruolo, il dirigente non trova l'*alter ego* a cui confidare le sue aspirazioni, i suoi dubbi o i suoi interrogativi. Per la mancanza di oggettività, di conoscenza e di capacità di considerare gli eventi obiettivamente e con distacco, sono poco numerosi gli interlocutori che potrebbero aiutare il dirigente a riflettere sulle problematiche importanti per il proprio sviluppo e per quello della sua organizzazione. La presenza di un intervento esterno al sistema offre questo «spazio di rispecchiamento», ovvero un terreno di sperimentazione dove egli può esprimersi ed agire.

4. *Contributi al coaching*

Possiamo sintetizzare i tre principali insiemi di fattori che contribuiscono alla definizione del coaching:

1. la metodologia e gli strumenti capaci di creare un clima di accordo per favorire una co-costruzione tra coach e cliente;
2. la capacità del coach di comprensione e di restituzione di ciò che viene messo in gioco e dei bisogni a cui deve far fronte il cliente;
3. la capacità sempre del coach di essere una forza stimolante e propositiva per il cliente.

L'intervento del coach ha come obiettivo principale quello di creare uno spazio di fiducia e di sinergia dove il cliente può esprimersi liberamente con una persona, spesso esterna al suo sistema di appartenenza e che possiede l'obiettività, la benevolenza e le competenze necessarie per ascoltarlo. La capacità di accoglienza e di accettazione del coach scaturisce in particolare dalla sua convinzione che è il cliente stesso a possedere dentro di sé le soluzioni ai propri problemi.

L'ascolto attivo del coach rappresenta una potente risorsa per l'intesa della coppia che condiziona il lavoro futuro. Il fatto di essere ascoltati con benevolenza e senza preconcetti verso il proprio progetto costituisce per molte persone una situazione piuttosto insolita, che consente una discussione e un lavoro proficuo. Il corollario di questa simmetria nella relazione è naturalmente una libertà di espressione anche per il coach, che può restituire al cliente elementi utili al suo sviluppo. Anche questo tipo di feedback può essere piuttosto insolito e stimolare una riflessione utile allo sviluppo personale. La solidità dell'intesa è indispensabile per attraversare con serenità e con sufficiente fiducia importanti momenti di frustrazione.

Un secondo elemento del coaching è rappresentato dalla capacità del coach di identificare la vera posta in gioco all'interno dell'abbondanza e nella confusione delle informazioni che vengono fornite dal cliente. Attraverso un approccio maieutico, con una serie di strumenti orientati dalla domanda del cliente e dal contratto psicologico tra i due partner, il coach lavora al fine di risolvere la problematica esposta.

Il coach possiede, inevitabilmente, un punto di vista parcellizzato e incompleto dell'universo del cliente, deve dunque fare delle scelte e focalizzarsi su ciò che gli sembra essenziale a partire dalla sua lettura del problema. In un certo modo, il cliente è «penalizzato» da un'eccessiva quantità di informazioni; egli, qualche volta, fatica a considerare obiettivamente e a dare coerenza ai propri pensieri. Il coach, che si colloca ad un maggiore livello di astrazione, facilita, attraverso l'interazione, la presa di distanza rispetto alla situazione del cliente. La situazione, ricollocata in un contesto più ampio, permette di avere un'altra visione delle cose e di individuare nuovi tipi di risoluzione. Il coaching consente, così, al cliente di uscire dallo stretto cerchio dove si è rinchiuso, offrendogli un'altra prospettiva che va al di là del problema in cui si trova.

Il terzo elemento è rappresentato dal ruolo del coach come forza di stimolo e proposta e come fornitore di nuovi modi di percepire una realtà più fluida e stimolante. Il ruolo dell'intervento è spesso anche quello di far allontanare il cliente dalla cosiddetta «zona comoda» al fine di testarne nuovi comportamenti, saperi e atteggiamenti, capaci di promuovere sviluppo. Questo allontanamento dalle vecchie e comode modalità di comportamento viene incoraggiato e reso possibile dalla relazione con il coach, che protegge attraverso i suoi interventi e favorisce attraverso la fiducia che dimostra al cliente. Il coach, nel suo ruolo di mediazione, si colloca costantemente tra il contenuto, ovvero l'obiettivo, e i processi, il percorso verso questo obiettivo. Vincent Lenhardt [2002], riprendendo un detto cinese, utilizza la metafora del pesce e della canna da pesca per descrivere la dialettica tra contenuto e processi: da una parte vi è il coach che fornisce al cliente la soluzione o gli elementi di soluzione (cioè il pesce) che gli permettono di uscire dalla frustrazione dovuta alle difficoltà che non riesce a risolvere, senza però favorire l'autonomia; dall'altra c'è il coach che stimola l'emergere delle condizioni giuste affinché il cliente si trovi nella posizione di individuare autonomamente la soluzione (cioè fornendo la canna da pesca), responsabilizzandolo completamente, pur lasciandolo più a lungo nella sua frustrazione.

5. *Specificità del coaching: né consulenza tecnica né terapia*

Il coaching si è affermato piuttosto recentemente nel mercato complesso e quasi saturo dell'aiuto alla persona, che include attività oramai classiche come la consulenza, la terapia o la formazione. Pur affermando le sue specificità, il coaching sviluppa la sua azione prendendo in prestito alcune caratteristiche comuni a questi altri campi, cosa che può accrescere la confusione e dunque rende necessario definirne chiaramente i confini. Peraltro, descrivere ciò che «non è coaching» diventa anche un tentativo per definirne la sua vera natura.

Il coaching non si identifica con la consulenza o la formazione per una serie di ragioni: innanzitutto per la filosofia e la posizione di questo tipo di intervento, il rapporto di co-elaborazione, tipico del coaching, colloca la relazione ad un livello che non è lineare, del tipo cliente/fornitore, ma dialettico tra co-attori e partner. Si tratta tanto di trasferimento di conoscenze e tecniche quanto di un rapporto circolare dove ciascuno si nutre della parola dell'altro per progredire verso la risoluzione della problematica iniziale. Il coach si fonda necessariamente sull'esistenza e sull'espressione di una domanda del cliente che, a sua volta, crea le condizioni necessarie per rendere efficace il percorso di coaching. Tale circolarità fornisce una notevole plasticità all'intervento di coaching che si svilupperà in maniera interattiva attraverso gli apporti del cliente e le azioni del coach.

Spesso è auspicabile che il coach conosca meno bene del cliente il campo di intervento di quest'ultimo. Il coach è obiettivamente meno competente del cliente in questo ambito (a differenza del *mentoring*, che tradizionalmente si basa su un trasferimento di conoscenze e di saper-fare da un professionista più esperto). Questa minore conoscenza rappresenta anche una garanzia di efficacia in quanto lo forza a considerare con obiettività il contenuto che il cliente restituisce, ad adottare la neutralità necessaria ad assumere un «basso profilo» e a dimostrare un'assenza di preconcetti per il cliente.

Può accadere che il coach dia suggerimenti puntuali o consigli al cliente al fine di farlo uscire da una situazione di blocco, ma tale aspetto non costituisce il tipo di intervento principale. Il coach mira, piuttosto, a specificare e chiarire la problematica del cliente che così facendo riesce ad individuare la soluzione. Il coach può essere paragonato ad uno strumento a disposizione del cliente per raggiungere gli obiettivi prefissati. Il coach non è un consulente esperto di uno specifico ambito o di una tecnologia, ma un facilitatore di consapevolezza e presa di coscienza da parte del cliente, egli è lì per condurlo sul percorso migliore da intraprendere, secondo le sue competenze, esperienze e peculiarità. Il coach ha, quindi, l'obiettivo di mettere in luce i processi generatori di miglioramento, a partire dal quadro di riferimento del cliente.

Il coaching non è neppure un esercizio di psicoterapia, anche se condivide un insieme di metodi nati in campo terapeutico, legati allo sviluppo della relazione intersoggettiva di aiuto con il cliente. Nel corso del libro ritorneremo sui numerosi concetti e strumenti della terapia ai quali si può fare riferimento, anche se le pratiche psicoterapeutiche sono talmente varie (si contano centinaia di correnti potenzialmente differenti) in merito alle metodologie e agli obiettivi perseguiti, che è necessario essere cauti prima di generalizzare. Il coaching si differenzia dalla terapia, innanzitutto in termini di campo di applicazione, in quanto si ancora principalmente all'universo professionale del cliente. Se il coach affronta le componenti dell'identità personale del cliente, lo farà unicamente per delineare e chiarire meglio la sua problematica professionale.

La terapia, invece, si concentra proprio sulla sfera personale e privata dell'individuo. Per di più, lo scopo della terapia è differente da quello del coaching: la prima si preoccupa di arrivare all'acquietamento di una sofferenza o di un malessere psicologico, il secondo lavora per migliorare la prestazione dell'individuo. In linea generale (ciò è particolarmente vero per le terapie di tipo psicodinamico, ma meno per quelle brevi o comportamentali), la terapia tende ad essere un esercizio che va a toccare la struttura psichica più profonda della persona, mentre il coaching ha un impatto puntuale e soprattutto comportamentale. Infine, anche la posizione e la percezione del coach e del terapeuta sono differenti: il terapeuta è percepito dal paziente come un esperto del proprio malessere, in grado di elaborare una teoria interpretativa della situazione e mettere in atto una pratica per superare il disordine psichico che sta vivendo. Il coaching, per il contratto di co-elaborazione su cui si fonda e per le regole relazionali che introduce, responsabilizza più rapidamente il cliente (anche se alcuni elementi regressivi potrebbero più o meno transitoriamente apparire) ad affrontare la sua situazione.

6. *Il coaching come spazio di costruzione di senso*

L'intervento di coaching è un «incontro a specchio» strutturato dal coach tra lui stesso e chi richiede l'intervento. L'obiettivo esplicito di giungere ad un miglioramento della performance è in realtà un vaso di Pandora da dove esce, durante il coaching, un insieme di preoccupazioni che si uniscono rapidamente alla finalità che il cliente attribuisce alla propria azione. La complessità del contesto economico, la precarietà del legame contrattuale con l'organizzazione, il ruolo e le aspettative dell'individuo al suo interno, la necessità di lavorare – centrale nella ricerca della propria identità –, l'esigenza di riservarsi un campo di sviluppo personale mantenendo una certa autonomia rispetto all'organizzazione, sono altrettanti fenomeni che si ripercuotono sull'azione del cliente e che devono essere integrati in maniera coerente. Questa armonizzazione è fondamentale nel lavoro di coaching, che, attraverso la discussione e l'elaborazione durante la seduta, porta il cliente a riflettere su se stesso. Poiché l'ottimizzazione del potenziale dell'individuo passa per una «messa in coerenza» dei differenti ambiti costitutivi della persona al fine di liberare le sue energie, oltre alla vita professionale, questo lavoro di riflessione può toccare la sfera personale, relazionale, sociale, morale e persino spirituale. L'intervento di coaching consente così di considerare obiettivamente e di riesaminare le azioni, le motivazioni, i valori e le credenze, alla luce di questo «test di coerenza»: interrogarsi nuovamente su ciò che non appare allineato con la finalità generale, in quanto può essere un fattore di perdita di potenza, di bassa performance e una potenziale sorgente di sofferenza e di minore realizzazione per la persona. In sostanza, alla richiesta del cliente «Mi dia un senso a tutto ciò?» il coach risponde «È lei che deve trovarlo, ma io l'aiuterò a farlo emergere».

Tale coerenza di senso è anche indispensabile per organizzare lo sforzo collettivo: essa aiuta a mobilitare i gruppi intorno ad un fine consensuale e a valori condivisi e permette, inoltre, di comunicare la missione del gruppo articolando in modo esplicito i contributi di ciascun membro a questo sforzo comune. Le rigidità e i blocchi possono così essere messi in evidenza e poi affrontati. Questa coerenza è importante anche per consolidare una visione del gruppo o dell'organizzazione integrata e come fattore di una migliore performance.

Si giunge così alla scoperta di un senso dell'azione che permette di contrastare l'inerzia degli schemi e dei comportamenti passati – un senso che consente di innestare e valorizzare il cambiamento, a dispetto delle incertezze, delle frustrazioni e delle sofferenze che può rappresentare. Come sappiamo il cambiamento è sempre qualche cosa di difficile da implementare, in quanto molto costoso per la persona; basti osservare gli sforzi di immaginazione e di realizzazione sviluppati dagli individui per difendere lo *status quo* e per dimostrare le lacune o i difetti del nuovo, o viaggiare nell'arsenale delle difese e delle resistenze coscienti o inconsapevoli elaborate sistematicamente dal soggetto e che sono espressione di ciò che egli è almeno in una certa fase del suo sviluppo. È necessaria una sofferenza o un supplemento di senso, o addirittura entrambi, per decidere di cambiare o per assecondare i processi di cambiamento.

Il coaching è uno spazio privilegiato e unico per chi vuole interrogarsi sulle proprie aspettative professionali, oltre che sulle motivazioni esistenziali profonde. Esso agisce in modo da far passare il cliente dal «perché?» al «perché no?». Questo percorso è facilitato dalla figura del coach che suggerisce altri modi per apprendere la realtà e contribuisce a offrire altre prospettive al cliente.

7. *Una relazione di influenza*

L'esistenza di una domanda è essenziale: è questa che rende possibile la relazione di aiuto creando delle attese nella persona che il processo di accompagnamento tenta di valorizzare. Questa domanda è, in effetti, la prima garanzia di una mobilitazione e di una possibile adesione al contratto relazionale. Essa si fonda sulla speranza che l'altro possa fornire un sostegno in merito alla problematica posta detenendo una forma di «potere di aiuto e di risoluzione». La psicoanalisi, come vedremo in breve più avanti, ha sottolineato chiaramente l'importanza nella relazione del transfert di affiliazione.

Per una serie di ragioni consapevoli, quali la reputazione, la credibilità, l'esperienza professionale, ecc., ma anche inconsapevoli, fondate su proiezioni fantasmatiche, l'altro è investito dal potere, più o meno solido, di farmi cambiare. Ma c'è bisogno di tutta la forza d'influenza c di persuasione di questo altro soggetto, espressa attraverso le sue teorie e le sue azioni, per combattere l'inerzia del non-cambiamento. Questo potere, spesso concesso in modo ambivalente e provvisorio, è una condizione di efficacia per il buon esito del processo ed è espresso dal paradosso «sottomettiti per essere libero». Il cliente difende con una notevole energia il proprio diritto a non cambiare, augurandosi talvolta segretamente – l'alleanza che aiuta – che il suo interlocutore vinca. Il coaching, come relazione di aiuto, non sfugge a questi reciproci meccanismi sottostanti di influenza e di potere che strutturano la relazione. L'interazione comunicativa è di fatto un tentativo di persuasione, di cattura dell'altro dentro un sistema di rappresentazioni che tenta di imporsi.

Invece di negare questo potere di influenza per ciò che evoca (talvolta a giusto titolo) di manipolatorio, il coach deve, al contrario, assumere questa responsabilità dimostrando, in cambio, un'etica e una deontologia impeccabili, messe a servizio esclusivamente della crescita del cliente. Questa è la condizione affinché si sviluppi una sana alleanza che favorisca lo spazio di co-costruzione del coaching.

8. *I paradossi del coaching*

La relazione di coaching introduce un insieme di situazioni insolite per i partner dell'interazione. Intrinsecamente il coaching deve istituire uno spazio di libertà che però risulta definito dai limiti del contratto, solitamente tripartito. Le spinte umanistiche di realizzazione del potenziale e le attese del cliente non sono sempre allineate agli imperativi economici sottostanti. La prima questione che si pone è la seguente: chi fa la domanda iniziale? il cliente, il servizio risorse umane, o lo stesso capo? Il fatto che chi richiede l'intervento sia diverso da chi lo riceve rappresenta un primo fattore problematico sul piano deontologico. Il contratto di coaching ha poi altri paradossi: ad esempio, lo schema abituale della relazione contrattuale in cui una persona A trasferisce una tecnica e un sapere quantificabile ad una persona B in una relazione del tipo cliente/fornitore è una contraddizione. Se effettivamente nel coaching c'è apprendimento, esso avviene innanzitutto con il materiale e il lavoro prodotti in una relazione non lineare e a senso unico, ma circolare tra A e B. In un certo senso, meno il coach sa, maggiore è la possibilità di creare uno spazio costruttivo, consentendo al cliente di far evolvere e di raggiungere le proprie aspettative e la sua verità; più il coach sa, maggiore è il rischio che egli imponga la sua visione della realtà all'altro. Il coach non deve fare altro che mettere in luce le possibili strade che il cliente sceglierà o meno di intraprendere. Del resto, uno degli strumenti preferiti dal coach è costituito proprio dal silenzio, soprattutto quando egli detiene potenzialmente la risposta alla problematica presentata. Il silenzio rimanda il cliente alle sue risorse e alla propria energia. Questa concezione richiede al cliente una certa maturità, capacità di autonomia e fiducia nell'intervento e nella relazione interindividuale. Se il cliente, in una tentazione regressiva comprensibile, si aspetta tutto dall'altro, alla fine potrebbe pensare «di non avere quello per cui ha pagato». Tale paradosso è riassunto al momento del contratto dalle parole del cliente: «In sintesi, io la pago e sono io che faccio il lavoro». Questa affermazione appare talvolta completamente vera anche se è interamente inesatta.

Un altro paradosso che si riscontra anche in ambito terapeutico si riferisce alla domanda implicita del cliente: «Mi cambi, ma non cambi niente». Dietro alla richiesta esplicita di ottimizzazione e quindi di modificazione delle prassi abituali si trova una persona che si adagia sulla sua storia personale, le sue convinzioni, il suo ruolo, le sue paure, portando con sé un'inerzia e una notevole resistenza al cambiamento. Il coaching diviene un processo di negoziazione e di influenza, nel quale il coach passa in rassegna i costi e i benefici delle strategie adottate dal cliente e gli fa intravedere le alternative potenzialmente più fruttuose.

Peraltro, la richiesta di semplificazione e di sistematizzazione di una realtà articolata è profondamente multidimensionale. Dietro ad una richiesta esplicita, circoscritta e apparentemente semplice, si nascondono, spesso, richieste implicite di ordine più profondo circa i differenti aspetti costitutivi della persona che non fanno necessariamente parte del campo del coaching. I fenomeni sono complessi, ma il coach li deve restituire in maniera chiara e semplice, non riduttiva, per potersi dedicare al vero oggetto del lavoro. Un altro fattore di complessità deriva dal fatto che il cliente è, contemporaneamente, oggetto e soggetto dell'esperienza che attua insieme al coach e contemporaneamente all'interno e all'esterno del sistema in cui deve costantemente navigare tra differenti livelli logici.

Da notare anche che il maggior benessere nei vari contesti di vita è spesso preceduto da una fase di disagio più o meno dolorosa che di frequente risulta poco accettata dalle persone. Ma l'obiettivo del coaching non è il benessere a tutti i costi del cliente, quanto piuttosto il suo sviluppo. La temporanea ambiguità, il porsi interrogativi impegnativi e la stessa sofferenza possono divenire fattori di creazione e di crescita per la persona. I conflitti riscontrati sono anche un'opportunità per generare un cambiamento che, a sua volta, produce una speranza nel cliente e rappresenta una leva di intervento per il lavoro di coaching.

In conclusione, il coaching mira a sviluppare nelle persone la capacità di autonomia. In questo senso, l'azione del coach, quando ha successo, è destinata, nella maggior parte dei casi, ad una rapida conclusione. In sostanza, l'obiettivo è quello di staccarsi il più velocemente possibile dal coaching, a dispetto della soddisfazione e dell'efficacia dell'intesa relazionale, poiché il fine dell'autonomia del cliente risulta centrale nella filosofia di questo tipo di intervento.

CAPITOLO SECONDO

CAMPI TEORICI DEL COACHING

1. *Una pratica tra organizzazione e relazione di aiuto*

Il coaching è al crocevia di due campi principali: l'organizzazione e la relazione di aiuto.

La conoscenza e la pratica che il coach ha dell'organizzazione gli consente di comprendere e di agire sul contenuto di ciò che è scambiato, entrando nella realtà del cliente. Le competenze proprie della relazione di aiuto permettono al coach di posizionarsi più profondamente nel processo, al di là dei fatti riferiti, ovvero nelle modalità con cui si articola l'interazione con il cliente. Il coach, nella sua pratica, oscilla costantemente tra il contenuto e i processi, tra il cosa e il come. Il dosaggio di questi due aspetti è sapiente e variabile a seconda dei casi: se vi è troppa attenzione al contenuto, il coach resta invischiato nella realtà del cliente, nell'abbondanza delle informazioni e nell'incapacità di mantenere il distacco necessario per uscire da una logica che imprigiona e impedisce di vedere delle alternative. Il rischio è quello di chiudersi, tutt'al più, nella posizione di consulente proponendo soluzioni, convalidando opzioni e sconsigliandone altre. Inversamente, focalizzandosi troppo sul processo, il coach rischia di staccarsi da ciò che vive l'altro, di non parlare più la sua lingua e di prendere scorciatoie o vie traverse rispetto al lavoro che era stato pattuito. Nel primo caso, il coaching muore per soffocamento, nell'altro soccombe per un eccesso di ossigeno non utilizzabile.

La conoscenza dell'organizzazione per il coach è importante per diverse ragioni: perché la sua azione sia efficace è necessario che egli comprenda a fondo le problematiche professionali del cliente. Tali problematiche si inseriscono in un sistema complesso dove il cliente è coinvolto in sistemi di organizzazione del lavoro e di risorse umane, di potere e di *mission* che non sono sempre coerenti.

L'approccio sistemico, in particolare, insiste sulle difficoltà nel creare un cambiamento duraturo nella persona qualora non siano presi in considerazione anche i sistemi di appartenenza e le relazioni nelle quali la persona stessa è coinvolta. Diventa così necessario considerare il sistema organizzativo nel suo insieme, con le sue inerzie e resistenze al cambiamento. Si tratta di un importante obiettivo di studio, utile per consentire di trovare altre modalità di funzionamento e di relazione tra tutti gli elementi che caratterizzano la situazione del cliente e possono facilitare il suo progressivo sviluppo.

Il coach deve condividere con il cliente, quanto meno, una sensibilità che raccolga conoscenza dell'organizzazione (cultura, modi di funzionamento e di esercizio del potere, resistenze al cambiamento), esperienze e un linguaggio comune. La capacità di seguire il cliente rispetto al suo contesto di riferimento è fondamentale, in quanto permette di chiarire delle precise problematiche e di accompagnare la messa in pratica coerente delle azioni di management (individuazione e definizione di indicatori, allineamento degli strumenti di management, lavoro sulla visione dell'organizzazione, ecc.). Inoltre la conoscenza dell'organizzazione è necessaria per penetrare nella realtà dell'altro, per potere sintonizzarsi e collocarsi nel suo registro cognitivo ed espressivo, per comprendere le preoccupazioni immediate e contribuire a costruire un legame più forte, che crea, in cambio, le condizioni per un lavoro migliore.

La relazione intersoggettiva può essere concepita come una richiesta di riconoscimento e di informazione. È necessario riconoscere l'altro per valorizzarlo nella sua unicità e per infondergli la forza e la voglia di cambiamento e c'è bisogno d'informazione per alimentare il suo essere e la sua riflessione e aiutarlo a raggiungere quella nuova coerenza che egli stesso ha richiesto. Molti approcci teorici in ambito terapeutico hanno tentato di formalizzare il mistero e la potenza di questo incontro. Il coaching attinge ampiamente da questo ambito molte indicazioni operative. Ma sussiste un pericolo: introdurre un eclettismo eccessivo, affiancando concetti e strumenti che non assicurano la loro efficacia, se non nella logica del loro sistema d'origine. Questi strumenti, utilizzati in modo inappropriato, se talora rassicurano il coach, non fanno altro che introdurre maggiore confusione nella mente del cliente, che non cercava questo. Al contrario, le posizioni dogmatiche a difesa di un sistema unico si privano di alternative attinenti ad una realtà complessa e multidimensionale e che raramente si presta ad una comprensione a partire da una logica uniforme.

In questo capitolo verranno presentati alcuni contributi delle principali teorie psicoterapeutiche relative al coaching. Tali contributi sono accomunati da una visione di «coaching integrativo», che pone sempre il cliente e la sua richiesta al centro dell'intervento, intervento che, all'occorrenza, si baserà sulle teorie e sugli strumenti più adatti alle sue esigenze.

2. *Teorie organizzative*

L'organizzazione si può definire, in linea generale, come un sistema economico orientato verso obiettivi economici, sociali e politici. Essa si caratterizza per una *mission*, ovvero un insieme di finalità e di regole, una divisione di compiti e un'attribuzione di ruoli, un sistema di comunicazione e di presa di decisione. La ricerca di ottimizzazione della performance ha portato alla nascita di un insieme di teorie sull'organizzazione e il management. Sono così emerse diverse correnti di pensiero, ognuna delle quali privilegia un approccio particolare dell'organizzazione e una visione dell'uomo al suo interno. Queste scuole di pensiero riflettono influenze differenti derivate in particolare dai lavori di ricerca nelle scienze economiche, in psicologia, in sociologia, o nelle scienze del management. La nostra suddivisione, in quattro grandi aree teoriche, rende conto in modo sintetico dell'evoluzione di questo campo.

1. La scuola classica e l'organizzazione scientifica del lavoro agli inizi del XX secolo.
2. Il movimento delle relazioni umane che nasce negli anni '30.

3. Le teorie della contingenza che si sviluppano a partire dagli anni '50.

4. Le teorie costruttiviste più recenti.

Le prime due scuole di pensiero vedono l'organizzazione come un sistema chiuso. La considerazione dell'influenza e dell'ambiente socioeconomico, in un'ottica sistemica, delinea un nuovo paradigma che introduce i campi successivi rappresentati dalle teorie contingenti e costruttiviste e dove il contesto assume un peso determinante. La rinuncia ad un razionalismo estremo e all'ottimizzazione teorica fa progredire più velocemente verso schemi più interattivi e circolari «tra l'attore e il sistema», dove le regole informali, le relazioni di potere e la gestione dell'incertezza sono considerati come dati inerenti alla vita organizzativa.

Organizzazione scientifica del lavoro. La teoria classica, sostenuta in particolare da Frederick Taylor, Henry Fayol, Henri Ford e Max Weber, introduce nella fabbrica – percepita come principale vettore di creazione di valore economico agli inizi del XX secolo – una volontà di gestione scientifica del lavoro. Tale «organizzazione scientifica del lavoro» mira a definire dei principi di funzionamento universali e permanenti, una *one best way*, per accrescere la produttività delle unità produttive. Taylor predica la divisione orizzontale (parcellizzazione e specializzazione dei compiti) e verticale del lavoro (distinzione chiara tra esecutori e ideatori del lavoro), un sistema equo di remunerazione e un rigoroso sistema di controllo e di coordinamento del lavoro al fine di ottimizzare le procedure. Dall'altra parte, Fayol insiste sull'importanza della qualità della leadership, del management e della pianificazione dell'azione direttiva. Nell'ottica classica, l'organizzazione è un sistema chiuso, razionale e meccanicista, dove la produttività è la misura dell'efficacia. La produzione può essere razionalizzata in modo scientifico, lasciando poca o nessuna iniziativa e autonomia agli esecutori. La concezione dell'uomo sottostante a questo approccio è quella di un essere logico e ragionevole, attore economico principalmente motivato dallo stipendio e di per sé poco proattivo, alla ricerca di un contratto e di una definizione chiara del suo lavoro. Le teorie classiche dell'organizzazione sono le teorie manageriali dominanti del periodo a cavallo tra il 1900 e il 1930. Esse portano a progressi decisivi nell'organizzazione della produzione e alla creazione di ricchezza, rompendo definitivamente con i modi artigianali che prevalevano nel secolo precedente. Tali teorie sollevano, però, un insieme di interrogativi e di aspre critiche in merito alla posizione attribuita all'uomo all'interno di questi sistemi. Umanizzare le relazioni al lavoro, ridare autonomia e dignità alla persona, interrogarsi sulla motivazione saranno il motore centrale nello sviluppo del movimento delle relazioni umane.

Movimento delle relazioni umane. Il movimento delle relazioni umane, sostenuto da autori quali Elton Mayo, Kurt Lewin, Abraham Maslow, Douglas MacGregor e Chris Argyris, nasce intorno al 1930; opposto alla scuola classica attribuisce una posizione centrale agli atteggiamenti del lavoratore, ai suoi bisogni, alla sua psicologia e al comportamento dei gruppi al lavoro. È Mayo che realizza l'esperimento principe di questo nuovo orientamento, tra il 1927 e il 1932 presso gli operai della fabbrica Hawthorne della Western Electric a Chicago. Questo studio dimostra che l'attenzione alle relazioni umane, piuttosto che il solo miglioramento delle condizioni oggettive di lavoro (aumento sperimentale dell'illuminazione, delle pause, ecc.), porta ad una crescita della produttività.

In questo esperimento sul campo Mayo mostra che il solo fatto di osservare e di testimoniare un interesse particolare per i lavoratori provoca un aumento del livello di motivazione e di performance nel lavoro. Mayo sottolinea anche il ruolo che giocano le relazioni interpersonali, affettive ed emozionali nella coesione di un gruppo e il loro impatto sulle relazioni intragruppo e sulla produttività complessiva.

Maslow apporta un contributo rilevante collocando i bisogni individuali al centro dell'organizzazione. Egli articola una piramide di bisogni umani gerarchizzati in cinque categorie a complessità crescente: la base della piramide è rappresentata dai bisogni fisiologici (nutrirsi, ecc.) e di sicurezza (proteggersi, ecc.), poi vengono i bisogni sociali di appartenenza (essere accettati e ascoltati dagli altri), di riconoscimento (essere riconosciuti, valorizzati, ecc.) e, infine, di realizzazione personale (essere realizzati nel lavoro, affermarsi, ecc.). Innanzitutto è necessario soddisfare i bisogni fisiologici e di sicurezza, prima di vedere emergere e potere soddisfare, a loro volta, i bisogni sociali superiori. Si può rimediare alle tensioni che esistono all'interno dell'organizzazione attraverso un'attenzione specifica e focalizzata in funzione del tipo di bisogno da soddisfare.

Contro Taylor che si dedica essenzialmente ai due primi livelli, Maslow mostra l'importanza dei bisogni sociali e d'identità del lavoratore.

McGregor, in forma forse un po' caricaturale, riassume il dibattito che oppone la scuola classica e il movimento delle relazioni umane. L'autore oppone due modi di concepire le relazioni nel lavoro attraverso ciò che egli chiama la teoria X e la teoria Y. La teoria X, più vicina alla scuola classica, afferma che l'individuo non ama lavorare, che percepisce il lavoro come una necessità, che desidera essere diretto, evitando le responsabilità e la ricerca di sicurezza. La teoria Y – a cui va la preferenza di McGregor – mette in luce, nell'uomo che lavora, una richiesta di responsabilizzazione, d'implicazione e di realizzazione di un potenziale non sfruttato. Da tale orientamento McGregor ricava e sostiene un modello partecipativo di management.

Del resto la corrente di pensiero delle relazioni umane tenta di mettere al centro dell'organizzazione il fattore umano, interessando le dimensioni emozionali, relazionali e motivazionali della persona. L'obiettivo è quello di arricchire la natura del lavoro, restituendo all'individuo più autonomia e partecipazione nei processi decisionali e, di conseguenza, una maggiore capacità di realizzazione di sé.

Teorie della contingenza. La scuola classica, come il movimento delle relazioni umane, considera l'organizzazione come un sistema chiuso e non fa del contesto socioeconomico una variabile determinante per l'organizzazione.

Con le teorie della contingenza e quelle costruttiviste più recenti si abbandona l'idea di una sola buona soluzione per tutte le organizzazioni, insistendo sull'impatto determinante e variabile del contesto economico, culturale e tecnologico sulla forma ottimale di lavoro e sullo stesso ruolo degli attori che operano sotto queste costrizioni. La struttura organizzativa, in una prospettiva sistemica, viene così condizionata da un insieme di variabili interne ed esterne, come la dimensione o l'anzianità della struttura, la natura dell'ambiente o la tecnologia.

Per fronteggiare questa complessità ambientale sono necessarie, da parte dell'organizzazione, flessibilità e capacità di adattamento.

Le teorie della contingenza compaiono tra il 1950 e il 1960 e sono promosse da autori come Tom Burns, G.M. Stalker, Paul Lawrence, Jay Lorsch, Joan Woodward e Alfred Chandler e, più recentemente, Henry Mintzberg. Burns e Stalker mostrano così che, in un ambiente stabile, l'organizzazione tende ad assumere una struttura meccanicista, mentre in un ambiente dinamico la struttura sarà organistica, più decentralizzata, flessibile ed informale. Lawrence e Lorsch stabiliscono una relazione tra l'incertezza dell'ambiente e il grado di differenziazione e di integrazione dell'organizzazione. Essi notano che in un ambiente stabile le aziende risultano poco differenziate. Al contrario, più l'ambiente è avverso e complesso, più l'organizzazione dovrà essere differenziata al suo interno. Ciò richiede uno sforzo progettuale e meccanismi di integrazione consistenti per coordinare l'azione delle differenti parti dell'organizzazione. Woodward sottolinea il ruolo determinante della tecnologia sulla struttura delle organizzazioni. Essa distingue tre modalità dell'organizzazione:

- la produzione a unità o in piccola serie, caratteristica del mondo artigianale, richiama una struttura flessibile, informale e poco gerarchica;
- la produzione industriale di massa, che richiama il fordismo, privilegia le economie di scala e un forte inquadramento;
- infine la produzione industriale continua (il 3×8) poggia su relazioni gerarchiche orizzontali e un funzionamento di management per progetto.

Mintzberg [1982] presenta una visione sistemica e contingente dell'organizzazione, secondo cui le strutture e gli obiettivi di lavoro sono formulati in termini di giochi di potere e di influenza tra gli attori e in rapporto alle costrizioni di dati esterni (azionisti, mercato, governo, sindacati, clienti, ecc.). Egli propone una caratterizzazione dei differenti tipi di organizzazione a partire dal modo in cui il lavoro è diviso orizzontalmente e verticalmente, ed è coordinato tra i diversi attori dell'organizzazione. Mintzberg distingue sei differenti meccanismi di coordinamento del lavoro (adeguamento reciproco, supervisione diretta, standardizzazione delle procedure, dei risultati, delle qualificazioni e dei valori) che costituiscono l'ossatura fondamentale dell'organizzazione e hanno ripercussioni sul potere dei differenti attori e sui processi decisionali.

La natura della divisione del lavoro, il metodo di coordinamento e di localizzazione del potere definiscono, a loro volta, grandi configurazioni organizzative che sono: la «struttura semplice», la «burocrazia meccanicista», la «burocrazia professionale», la «struttura divisionale», l'«adhocrazia», o struttura innovatrice, l'organizzazione «missionaria» e l'«organizzazione politica». Così, a titolo esemplificativo, la burocrazia meccanicista (ad esempio, un sistema postale, un costruttore di automobili) si caratterizza per un coordinamento fondato sulla standardizzazione dei processi di lavoro; sull'importanza della tecnostruttura e del controllo; sui parametri di concezione basati su una formalizzazione del comportamento; su una specializzazione orizzontale e verticale del lavoro; su una pianificazione dell'azione, dei fattori di contingenza che includono una grande maturità dell'organizzazione, un sistema tecnico regolatore non automatizzato, un ambiente semplice e stabile, un forte controllo esterno, ecc.

Nell'ottica di Mintzberg, i problemi dell'organizzazione e i deficit di performance nascono, per la maggior parte dei casi, da una mancanza di coerenza tra configurazione organizzativa e modello di gestione delle risorse umane.

In sintesi, le teorie della contingenza ricollocano l'organizzazione in un contesto multidimensionale e sostengono che esso determini ampiamente la sua modalità di funzionamento. Si può ritenere che in assoluto non esiste una struttura a più elevato grado di performance, ma forme di organizzazione che variano nel tempo e in funzione delle variabili interne e di quelle legate all'ambiente.

Teorie costruttiviste. Anche le teorie costruttiviste insistono sull'importanza dell'ambiente considerandolo non tanto una realtà oggettiva osservabile, quanto piuttosto una costruzione soggettiva ed interpretativa a partire dalle rappresentazioni che gli attori si forgiano. In una prospettiva piagetiana, di sviluppo ontologico, fondato sull'interazione costante tra il soggetto e il suo ambiente, le decisioni e i comportamenti degli attori dell'organizzazione sono il frutto delle percezioni e delle interpretazioni del loro ambiente che plasmano una «mappa del mondo» e una guida per l'azione.

Queste teorie puntano l'attenzione sul modo in cui gli attori dell'organizzazione si posizionano rispetto a questo ambiente complesso, incerto e poco razionalizzabile, che però non è subìto, ma in parte co-creato ed integrato nella loro azione. Tali contributi mostrano anche come, sotto le costrizioni dell'ambiente, gli attori affermino la loro autonomia e le loro scelte in un'interdipendenza continuamente negoziata. Le teorie costruttiviste si sviluppano a partire dagli anni '60 e sono rappresentate da autori come Herbert Simon, Michel Crozier, Erhard Friedberg, Karl Weick e Anthony Giddens.

Con Simon e la «teoria della razionalità limitata» si abbandona l'idea di un'organizzazione completamente razionale per considerare, invece, la struttura come un sistema composto da attori che evolvono in situazione di informazioni parziali, con *biases* cognitivi e aspirazioni variabili, riguardanti un certo livello, non necessariamente ottimale, di soddisfazione nelle loro scelte decisionali. Weick sostiene la tesi secondo cui gli individui contribuiscono a costruire la propria realtà conformemente alla rappresentazione che se ne fanno. In quest'ottica interpretativa i processi di strutturazione emergono sulla base dei complessi fenomeni di interazione che avvengono tra gli individui (le loro credenze, percezioni, comportamenti) e i contesti che li circondano.

Crozier e Friedberg [1977] rimproverano alle teorie classiche e al movimento delle relazioni umane di mantenere un'idea riduttiva dell'individuo, visto come un soggetto passivo.

Gli autori, al contrario, considerano l'individuo come «attore», sottomesso a costrizioni e incertezze, ma con a disposizione uno spazio di libertà irriducibile, dove potere mostrare un'autonomia, una strategia e un potere decisionale.

Questa autonomia fonda una possibile dialettica tra l'attore e il sistema, in quanto l'individuo partecipa alla creazione del tessuto relazionale e organizzativo (fatto di giochi di potere e di regole informali) costituito dall'organizzazione che, a sua volta, determina alcune condizioni dell'esistenza del soggetto. Questa interazione è dinamica ed evolutiva.

Dunque la concezione dell'organizzazione del XX secolo è evoluta da un sistema chiuso, razionale e relativamente prevedibile verso un approccio più contingente e costruttivista, nel quale è necessario progredire attraverso un ambiente complesso e incerto che influisce sull'organizzazione e sulle modalità di lavoro. Alla modalità gerarchica e meccanicista si sovrappongono forme di organizzazione più informali; strutture dove l'uomo, ritornato attore del sistema, può, a dispetto delle rilevanti costrizioni esterne, usufruire e beneficiare di uno spazio di potere e di autonomia e plasmare, in cambio, il corpo sociale nel quale evolve.

3. *Contributi dal campo psicoterapeutico*

Il campo terapeutico si collega e alimenta la pratica del coaching con le teorie, le tecniche e gli strumenti che esplicitano la relazione di aiuto e l'attuazione del cambiamento. Il vasto settore terapeutico raggruppa un ampio spettro di pratiche in funzione dei quadri concettuali e delle ipotesi prese in considerazione sulle origini delle sofferenze. È interessante soffermarsi su ciò che questi approcci hanno in comune, ma anche illustrare il loro specifico quadro di riferimento al fine di non cadere in un eclettismo disordinato.

Lo scopo generale delle terapie consiste nell'ottenere un cambiamento in un paziente aiutandolo ad acquisire una migliore comprensione del suo sistema di rappresentazioni e del suo funzionamento psichico attraverso l'esplorazione dei suoi comportamenti, emozioni e pensieri. Questa ricerca si concretizza in una richiesta da parte di questo paziente di trovare coerenza tra esperienze di vita, pensieri e sentimenti che, se insufficientemente legati tra loro, provocano un malessere. Tale domanda rappresenta il punto di partenza e il punto di appoggio dell'intervento terapeutico che vi trova una condizione della sua efficacia. Le psicoterapie, nel loro insieme, poggiano su un certo numero di principi comuni, quali: l'esistenza di un quadro di riferimento spaziale, temporale e contrattuale che fonda il dispositivo di intervento; le teorie che spiegano la patologia e permettono di articolare una logica esplicativa della sofferenza; la ricerca dell'intesa terapeutica basata sulla fiducia nell'altro; la personalità e la competenza relazionale del terapeuta; la volontà di cambiamento del paziente; gli strumenti e le azioni del terapeuta che scandiscono questo incontro.

Uno dei principali obiettivi dell'intervento terapeutico è permettere alla persona di acquisire una migliore padronanza di sé e una maggiore autonomia.

Questa ricerca di autonomia è fondamentale e si esprime in modo differente in ognuno dei grandi sistemi teorici: per la psicoanalisi, l'autonomia appare un obiettivo d'indipendenza psichica in riferimento all'ambiente e alle frustrazioni della realtà; per le teorie umaniste, l'autonomia è da ricercarsi nella realizzazione di sé e nell'espressione del proprio potenziale inibito; per le terapie comportamentali, si tratta di abbandonare delle condotte inadeguate e di acquisire una migliore capacità di adattamento all'ambiente; per le teorie cognitive, è necessario incoraggiare una percezione di sé e del proprio ambiente più giusta e mobilizzatrice; nella prospettiva sistemica, l'autonomia risiede nel ripristino dell'interazione con un ambiente relazionale non patologico.

Le aspettative della persona in terapia sono varie, ma si possono riassumere in alcuni punti chiave. La terapia dovrebbe, secondo il paziente:

• *rappresentare una risposta ad un malessere*, cioè creare una speranza, un'aspettativa di aiuto che favorisca, potenzialmente, una dinamica di cambiamento;

• *uno spazio per essere ascoltati e riconosciuti nelle proprie difficoltà* da un professionista della cura;

• *un meccanismo «allo specchio»* dove la persona può ottenere di rimando, in un contesto neutro, un'altra prospettiva su se stessa ed esprimere nuove idee e comportamenti;

• *un intervento in cui il terapeuta possieda specifiche competenze relazionali* quali: la benevolenza, l'apertura mentale, la capacità di ascolto, l'empatia, l'incoraggiamento, l'assenza di giudizio, l'implicazione nel processo, le capacità di comunicare, comprendere, spiegare, aiutare l'altro, ecc.

Dopo avere richiamato alcuni aspetti generali, illustriamo brevemente i modelli teorici istituzionalizzati, mettendo in evidenza ciò che hanno di pertinente per il coaching.

3.1. *Psicoanalisi e coaching*

La psicoanalisi occupa un posto emblematico nel campo psicoterapeutico. Creata da Sigmund Freud agli inizi del XX secolo, essa designa un metodo di esplorazione dei processi mentali e una tecnica di trattamento dei disturbi psichici a partire da un corpo teorico ricco e complesso. Freud distingue in particolare tre strumenti di lavoro di analisi: le associazioni libere, l'interpretazione dei sogni e l'analisi del transfert. In questa ricchezza concettuale, S. Ionescu sottolinea in particolare quattro principali contributi:

1. l'importanza del passato personale che, respinto dalla coscienza, può provocare delle sofferenze. Questi ricordi inconsci alimentano la produzione di sintomi, testimoni di un conflitto psichico; il loro significato è da rintracciarsi quindi in un'esplorazione dell'inconscio attraverso la cura analitica;
2. il ruolo primordiale della sessualità che, spesso, impregna i contenuti dell'inconscio;
3. l'importanza delle esperienze individuali di vita (avvenimenti, traumi, fattori familiari e sociali) sullo sviluppo psichico della persona. Queste esperienze sono colorate e strutturate dallo stadio di sviluppo al quale esse sopraggiungono;

4. il disturbo mentale che è, funzionalmente, come un tentativo di aggiustamento e di risoluzione dei problemi che non si sono potuti risolvere in maniera più soddisfacente.

La psicoanalisi ha ispirato anche un'ampia corrente di terapie dette psicodinamiche e di ispirazione psicoanalitica e, più in generale, ha avuto una notevole influenza sul campo delle scienze umane. La psicoanalisi fornisce suggerimenti e spiegazioni pertinenti alla relazione di aiuto tipica del coaching. Così, la regola fondamentale della «libera associazione» istituisce uno spazio di libertà dove l'individuo può e deve dire «tutto ciò che gli passa per la testa», senza temere il giudizio dell'altro. Diretta conseguenza sono un ascolto attivo e un'«attenzione fluttuante» del terapeuta, che permette una comprensione più globale di ciò che si mette in gioco e una posizione «allo specchio», dove però l'analista mantiene una posizione benevola ma defilata. Tale meccanismo instaura così un incontro riflessivo della persona con se stessa, la quale, però, si appoggia all'altra per pensare: spazio di interrogazione, quindi, sulle sue motivazioni, il suo desiderio di lavoro, le sue relazioni con gli altri, ecc. Lo specchio sempre troppo silenzioso, rappresentato dall'altro, agisce come un'ingiunzione che fa partire alla scoperta della verità attraverso una elaborazione, da cui scaturisce un significato insospettato e spesso portatore di cambiamento.

Anche l'analisi del transfert è al centro della pratica analitica. Il transfert viene tradizionalmente definito come la ripetizione attualizzata nella cura, di fronte all'analista, degli atteggiamenti e dei desideri emozionali, inconsci, (amichevoli, ostili o ambivalenti) che il paziente ha stabilito nella sua infanzia a contatto dei suoi genitori o delle persone che rappresentavano l'autorità. Così in questa prospettiva, ad esempio un manager, figlio di un padre assente e indifferente ai bambini, rinfaccia ai propri dirigenti e al suo coach di non riconoscere sufficientemente le sue competenze. Il transfert si costituisce in rapporto al controtransfert definito come l'insieme delle reazioni inconsce dell'analista risvegliate dall'analisi. Gli elementi di transfert e di controtransfert, necessariamente presenti, sono importanti nella relazione di coaching: l'identificazione della relazione di transfert permette, ad esempio, di far prendere coscienza e di dare un significato alle modalità relazionali e ai comportamenti ricorrenti nella vita sociale e professionale del cliente. In maniera altrettanto importante, l'attualizzazione, nella relazione, di elementi infantili, le proiezioni fantasmatiche del cliente sul coach-detentore della verità, creano effetti regressivi che possono portare all'abbassamento delle resistenze e alla rielaborazione e alla possibilità di un cambiamento.

Inversamente, spesso è rilevante e vantaggioso per il coach interrogarsi sul proprio controtransfert e all'occorrenza restituire al cliente ciò che ha provato; ciò permette un feedback e una metacomunicazione sull'interazione che risultano proficui per il coach e il cliente.

La psicoanalisi si è dedicata a comprendere meglio il funzionamento psichico della persona, delineando differenti tipologie esplicative. La nosografia freudiana distingue tra organizzazione nevrotica (sui poli: isterico, ossessivo o fobico), psicotica e perversa. A tale distinzione si è aggiunto gradualmente, soprattutto a partire dagli anni '60, il concetto di *borderline* che sottolinea il *continuum* nosografico tra normale e patologico prendendo in prestito dai campi psicotico e nevrotico. Queste distinzioni sottolineano delle differenze nel funzionamento e nei conflitti psichici del soggetto, nella relazione che egli mantiene con la realtà e le norme, nei suoi meccanismi di difesa, nel suo rapporto con gli altri, ecc. Questo notevole quadro teorico e strutturale è stato ampiamente ripreso, talvolta a torto, fuori dal suo contesto e senza la prudenza che sarebbe necessaria.

Nel coaching tale quadro concettuale può essere uno strumento diagnostico e permettere una lettura dei modi di funzionamento psichico e comportamentale delle persone e aiutare così fortemente la relazione con il cliente.

La psicoanalisi ha messo in luce e classificato anche un insieme di meccanismi di difesa destinati a proteggere l'integrità della persona. La proiezione può essere definita come il rigetto fuori da sé e nell'altro dei sentimenti o desideri che il soggetto rifiuta di riconoscere in lui. Il rischio proiettivo, in senso lato, è onnipresente, sia per il cliente sia per il coach. Nella situazione di coaching ciò obbliga a fare un esame della realtà e ad interrogarsi sull'origine o sull'appartenenza di un sentimento, di un pensiero, o di un atteggiamento.

Così, ad esempio, le difficoltà relazionali del cliente possono essere riconsiderate alla luce delle sue esperienze e delle sue ipotesi sull'altro?

Tende a reiterare il suo modo di ragionamento? Mantiene una sorta di pensiero magico anticipando ciò che l'altro penserà o farà? Per il coach la tentazione di proporre (o di imporre?) una soluzione al suo cliente testimonia una identificazione troppo personale rispetto alla problematica del cliente?

Alla base dell'intervento psicoanalitico c'è una ricerca di spiegazione e di senso. Ora, questo senso si svela solo gradualmente al termine di un'indagine che progredisce dalla dialettica intersoggettiva. Il contenuto manifesto nasconde un contenuto inconscio, portatore di finalità. Così anche nel coaching la richiesta esplicita lascia emergere e introduce una richiesta implicita latente.

Questo percorso avviene grazie all'ascolto, al silenzio, allo spazio di libertà, dove l'individuo può esporre il proprio pensiero nella relazione di transfert.

L'esplorazione porta la persona a prendere coscienza dei sentimenti inconsci o repressi, ad interrogarsi sulla propria ricerca d'identità, a rivedere la sua relazione con l'altro, ad interrogarsi e lasciare emergere il proprio desiderio.

3.2. *Approccio cognitivo e coaching*

La psicologia cognitiva si dedica allo studio dell'attività mentale nelle sue relazioni con la percezione, il pensiero e l'azione. Essa analizza i processi attraverso cui un individuo acquisisce delle informazioni su se stesso e il proprio ambiente, il trattamento di questa informazione e le sue conseguenze comportamentali. Questo approccio riprende il quadro teorico ampiamente derivato dai lavori di Aaron Beck nel 1960 centrati sul paradigma del trattamento dell'informazione. In un'ottica vicina a quella di Jean Piaget, Beck mette l'accento sulla nozione di «schema» ovvero sui processi di codifica e di categorizzazione dell'informazione che orientano tali filtri, in modo spesso automatico e potenzialmente patogeno, influenzando la percezione del mondo dell'individuo. Questi schemi, definiti anche «postulati silenziosi», rappresentano delle interpretazioni personali della realtà, che sono il frutto di una lettura selettiva degli avvenimenti e condizionano le strategie dell'essere nel mondo della persona. Uno degli obiettivi delle terapie cognitive è quello di permettere al paziente di identificare la pertinenza delle emozioni, dei pensieri e dei comportamenti di cui egli fa esperienza, al fine di consentirgli, se sono adeguati, un migliore adattamento.

Il lavoro può così, nel «qui e ora», fare emergere un modo di percepire fatto di pensieri irrazionali negativi o di credenze disfunzionali, che il terapeuta si propone di correggere sviluppando dei metodi più efficaci, in condivisione con il paziente.

In tal senso nella situazione di coaching è importante e proficuo per il coach studiare il processo di restituzione della problematica al cliente. Qual è la sua percezione globale del problema? Quali sono gli aspetti che fissano in modo particolare la sua attenzione? A quali conclusioni giunge? Ha una modalità ricorrente di trattamento dell'informazione fondata su particolari postulati relativi a lui stesso, agli altri, o all'ambiente, ecc.? Così questo manager «duro» con una visione esigente della realtà e problemi relazionali potrebbe rinviare ad un'educazione che ha esasperato la ricerca del «sempre di più», o del «puoi fare meglio».

L'approccio cognitivo ha messo in luce un insieme di modi sbagliati di trattamento dell'informazione che Beck chiama «distorsioni cognitive». Questi «errori di logica» possono contaminare il pensiero del cliente, generare una visione distorta del proprio ambiente ed essere fonte di malessere. Tra le principali distorsioni Beck riporta:

- *l'inferenza arbitraria*, che consiste nel giungere alle conclusioni senza prove (ad esempio, «Non ho ottenuto quel posto perché vengono messe in dubbio le mie competenze»);
- *l'astrazione selettiva*, quando il soggetto si focalizza su un dettaglio e non percepisce il significato generale

della situazione (ad esempio, «Gli azionisti hanno messo in dubbio la mia visione rifiutando questo investimento», quando, invece, hanno appoggiato l'insieme della strategia);

- *la sovrageneralizzazione*, che consiste nell'estendere a tutte le situazioni possibili una brutta esperienza isolata («Ogni volta che prendo la parola è un fiasco» riferendosi ad una precisa situazione). Ciò favorisce un atteggiamento di passività e di rinuncia;
- *la massimalizzazione* e *la minimalizzazione*, che fanno attribuire maggior valore ai fallimenti o agli eventi negativi e, in parallelo, sminuire i successi e le situazioni positive per la persona;
- *la personalizzazione*, che consiste nel sovrastimare le relazioni tra gli eventi sfavorevoli e l'individuo («È stato il mio intervento a far fallire il progetto»);
- *il pensiero dicotomico assoluto*, dove il soggetto si chiude in un «tutto o niente», un «bianco o nero» e non tollera le posizioni intermedie. In apparenza semplificatore, tale modo di ragionare è particolarmente smobilizzante in quanto impedisce l'esplorazione delle alternative, le strategie di apprendimento del tipo *prova ed errore* e l'instaurazione progressiva di una dinamica di cambiamento.

Nella visione cognitivista il coach può essere portato a segnalare al cliente delle modalità di funzionamento ripetitive e sfavorevoli e permettergli così di acquisire una visione più corretta del proprio ambiente. L'identificazione dei pensieri automatici e irrazionali può consentire di esplorare insieme differenti modi di concepire l'ambiente: è la ricerca dei pensieri alternativi dove la situazione potrà essere affrontata sotto altre prospettive. Questa verifica di realtà si propone di far riesaminare i fatti, permettendo alla persona di distaccarsi rispetto alla situazione, di prendere coscienza delle emozioni che essa suscita e di connotarla in modo differente.

La terapia cognitiva, come del resto il coaching, cerca di instaurare una modalità relazionale fondata sulla collaborazione attiva dei partner nel «qui e ora». I due protagonisti, a partire da un contratto definito e strutturato chiaramente, si soffermano a identificare e interrogarsi sulla validità di certe credenze che orientano i pensieri e i comportamenti del cliente, al fine di giungere ad una proposta di ridefinire, in maniera più efficace e proficua, la sua interazione con il mondo.

3.3. *Teorie umaniste e coaching*

Le teorie umaniste recuperano un ampio campo di riflessione che nasce negli anni '30, in gran parte come reazione contro le due principali correnti, psicoanalitica e comportamentista, all'epoca prevalenti.

Queste teorie accusano la psicoanalisi di «spossessare» l'uomo da se stesso facendolo vittima del suo inconscio e delle pulsioni che prendono il sopravvento. Le teorie umaniste, per di più, si contrappongono alla concezione *behaviorista* che studia il funzionamento umano attraverso la relazione causale «stimolo-risposta», perché rischia, a loro parere, di ridurre l'uomo ad una sorta di robot, ignorando le sue aspirazioni e i suoi valori. Si può dunque notare come le teorie dell'organizzazione e le concezioni dell'uomo siano strettamente connesse, osservando come la coppia teoria classica del lavoro/approccio *behaviorista* si oppone al movimento delle relazioni umane/teorie umaniste.

L'approccio umanista vede l'uomo alla ricerca di una maggiore realizzazione di sé e ritiene che il suo potenziale non sia sufficientemente sfruttato. Uno dei principali rappresentanti di questo approccio è Carl Rogers, secondo cui la persona è fondamentalmente buona e tende verso il suo pieno sviluppo. Per consentire la realizzazione di sé, è necessario che l'individuo cresca nella considerazione positiva incondizionata. Rogers distingue tra ciò che la persona fa, che può essere raccomandabile o meno, da ciò che essa è, ovvero, al di là della sua azione, una persona va considerata come intrinsecamente unica, buona e capace. Maslow, della stessa corrente, parla di un obiettivo di realizzazione delle potenzialità nell'uomo che egli definisce «attualizzazione» e che prosegue tutta la vita.

La psicologia esistenzialista apporta degli importanti contributi alle teorie umaniste. I suoi principali rappresentanti sono Rollo May, Ephren Ramirez e Viktor Frankl. La psicologia esistenzialista prende in prestito i suoi concetti fondamentali dalla filosofia che porta lo stesso nome: la volontà e la scelta umana, a dispetto di tutto, danno all'uomo uno spazio di libertà e la capacità di influenzare il proprio destino. L'angoscia esistenzialista nasce da questo sentimento di «stato di abbandono», ovvero l'essere gettato nel mondo, in piena contingenza; l'accettazione della morte, un'affermazione profondamente umana, crea la condizione per vivere pienamente la propria vita. La ricerca di significato è centrale nel percorso esistenzialista, ed è formalizzata nel sistema psicoterapeutico di Frankl come logoterapia, dove gli sforzi del terapeuta sono destinati ad aiutare le persone a trovare un senso alla propria vita.

Il coach si può ispirare, nella sua pratica professionale, ad un certo numero di principi delle teorie umaniste. Senza cadere in un'aspirazione di estrema purezza poco produttiva, in queste teorie si può trovare una concezione dell'uomo che rivendica una presunzione di competenze, di capacità, di potenziale da sviluppare per se stesso. Gli studi in psicologia sociale e dello sviluppo mostrano gli effetti benefici di questa predizione autovalidante che potremmo formulare in questi termini: «Trattate le persone come detentrici di un potenziale straordinario, esiste una grande possibilità che esse lo possiedano veramente». In tal senso, la fiducia nell'altro è alla base del lavoro di co-costruzione all'opera nel coaching. Questa concezione è anche un invito al riconoscimento della responsabilità dell'altro, nei suoi valori e nelle sue scelte. Quali che siano i contratti personali ed ambientali, resta uno spazio di libertà irriducibile dove la persona può e deve mostrare il suo potere di decisione. Questa visione è infine un invito alla compassione e all'amore per l'altro, impacciato nella problematica dell'essere umano. Tale atteggiamento è importante per la costruzione dell'intesa tra coach e cliente e crea, in cambio, l'ispirazione e la forza necessaria al cambiamento nel superamento del Sé.

3.4. *Approccio sistemico e coaching*

L'approccio sistemico emerge negli anni '50 sotto l'influenza di due grandi correnti: la teoria generale dei sistemi (Ludwig von Bertalanffy), che sostiene che la totalità del gruppo, agendo in interazione, è più importante della somma delle parti indipendenti, e la cibernetica (Norbert Wiener), che s'interessa dell'autoregolazione e dell'apprendimento dei sistemi attraverso i processi di trattamento e di codifica dell'informazione. L'epistemologia sistemica introduce un nuovo paradigma, superando la monade artificialmente isolata dell'individuo per analizzare le sue interazioni in un sistema più ampio, dove egli evolve e viene influenzato dalle retroazioni (feedback). Al posto delle spiegazioni che esaltano la linearità e la sommatoria, l'epistemologia sistemica si propone di sostenere una visione circolare e interattiva, all'interno di un sistema che ha le sue regole di trasformazione e di autocontrollo attraverso fenomeni di retroazione per mantenere uno stato relativamente stabile. La comunicazione costituisce il veicolo delle interazioni e, a questo titolo, gioca un ruolo essenziale nel funzionamento di tutto il sistema. I rappresentanti di questo approccio (come la figura preminente di Gregory Bateson e Don Jackson o Paul Watzlawick, attraverso la Scuola di Palo Alto) sviluppano questo pensiero a partire da una teoria della comunicazione che avvia il movimento delle terapie familiari e, più tardi, delle terapie brevi.

La famiglia come sistema strutturato, dove si produce, si perpetua e si esprime un sistema di valori e di rappresentazione del mondo, diviene il principale oggetto di studio. Nella visione sistemica ci sono delle interazioni familiari patogene che fanno emergere dei sintomi in uno dei membri del sistema, che è solamente il rappresentante «sacrificale» di una disfunzione globale, ma che, attraverso la sua sofferenza, consente al sistema di mantenere il suo equilibrio o «omeostasi». Le terapie familiari, portate avanti da figure come Ivan Boszormenyi-Nagy, Murray Bowen, Salvador Minuchin, Helm Stierlin e Jay Haley, hanno evidenziato gli aspetti relazionali del sistema familiare: l'importanza dei confini e della differenziazione tra i membri, dei fenomeni di intesa, delle coalizioni o del potere; la messa in luce di trasmissioni o ripetizioni transgenerazionali patologiche; l'importanza esplicativa delle nozioni di lealtà, delega e di *mission* che creano delle attese e una pressione invisibile su alcuni membri del sistema; la proiezione di fantasmi parentali sui bambini; l'esistenza di miti familiari che condizionano, in maniera inconscia, la condotta degli individui, ecc. Alcune di queste osservazioni e alcuni di questi meccanismi hanno potuto essere efficacemente estesi allo studio relazionale degli altri sistemi organizzati, come l'impresa, ed apportano insegnamenti interessanti anche per l'intervento di coaching.

Il paradigma sistemico suggerisce uno spostamento di attenzione dall'individuo isolato al contesto relazionale con cui egli interagisce.

La problematica che sta a cuore è spesso presentata dal cliente in modo «egocentrico», secondo una prospettiva di casualità lineare semplice. Il coach deve allontanarsi da questa logica per ricollocarla in una visione più globale, interazionale, al fine di percepire tutti gli elementi in gioco e proporre delle modalità più proficue di apprendere la situazione. La Scuola di Palo Alto introduce una distinzione importante tra ciò che essa definisce *cambiamento di tipo 1*, un cambiamento all'interno di un sistema che non lo modifica strutturalmente (si tratta metaforicamente di una accelerazione dell'auto senza cambiamento di velocità), e il *cambiamento di tipo 2*, dove il sistema si modifica o viene modificato (un cambiamento dell'auto per andare più veloci) strutturalmente rispetto al suo ambiente. In funzione della problematica affrontata, si tratterà di favorire nel cliente un cambiamento di tipo 1 o 2. Il cambiamento di tipo 2 è molto più costoso per la persona e per il sistema in quanto richiede di combattere contro l'omeostasi del sistema e le regole che lo tutelano. Tuttavia, talvolta è necessario procedere in questa direzione, quando il soggetto o il sistema non possono più produrre risposte sufficientemente adeguate all'interno di una logica imprigionante. A questo proposito è utile ricordarsi l'ingiunzione inglese: *think outside the box*, ovvero pensare al di fuori del quadro contestuale per individuare nuove alternative.

Del resto Carl Gustav Jung affermava, molto giustamente: «I problemi vitali, più gravi e più importanti, sono tutti, in fondo, insolubili [...]. Essi non possono essere mai risolti ma solamente superati». Alle volte è necessario passare ad un altro livello logico, fare appello ad un'altra rappresentazione per gestire qualche cosa di insolubile al livello precedente.

L'approccio sistemico è fondamentalmente costruttivista. Il soggetto è attore e costruttore della sua realtà. Questa realtà è essenzialmente definita come costruzione mentale che guida la nostra azione. In questo senso è l'efficacia, più che la verità, che bisogna ricercare: una realtà è buona se ci fa attivare prospettive di sviluppo e ottimizza il nostro potenziale rispetto ai vincoli e alle opportunità del nostro ambiente. Il lavoro di ascolto e di interrogazione del coach consente, a livello di processo, di vedere come il cliente costruisce la sua realtà e se questa concezione è in grado di mobilitare le sue energie. Spetta al coach offrire uno stimolo per re-inquadrare la situazione, ovvero proporre al cliente un altro punto di vista della situazione che sia anche compatibile con i fatti. Un semplice esempio potrà illustrare questo *reframing* in una prospettiva sistemica circolare: una persona che richiede un intervento di coaching si lamenta dell'atteggiamento perfezionista e «castratore» del suo capo che tende a stroncare sistematicamente ogni sua iniziativa. All'ascolto del racconto, il coach ipotizza che questo capo si senta minacciato nel suo ruolo e che quindi un atteggiamento più rispettoso e conciliante potrebbe migliorare la relazione. Un cambiamento di atteggiamento del cliente blocca, in effetti, il circolo vizioso, dove il capo, sentendosi riconosciuto nel suo ruolo gerarchico, accetta di più i contributi del cliente, che, a sua volta, si trova ben disposto nei suoi riguardi. Qui il coach interviene in maniera semplice ma decisiva: egli connota differentemente l'esperienza concettuale ed emozionale del cliente, per arrivare a proporre prospettive di risoluzione abbastanza semplici.

La comunicazione, vista come principale vettore transazionale, risulta al centro del percorso sistemico della Scuola di Palo Alto.

Watzlawick propone un assioma della comunicazione che si articola intorno a cinque principi che ci sembrano attivi anche nella relazione di coaching:

1. è impossibile non comunicare. Tutto ha valore di messaggio, anche (soprattutto) un silenzio;

2. ogni interazione ha due aspetti: l'indice, ovvero il contenuto del messaggio e l'ordine, ovvero il modo in cui l'informazione viene trasmessa. Tale distinzione richiama quella che oppone contenuto e processo. Se non esiste congruenza tra indice e ordine, il messaggio crea confusione, se non addirittura un paradosso. Il processo, più ancora che il contenuto, informa sull'intenzione della comunicazione;

3. la natura di una relazione dipende dalla lettura e dalla puntualizzazione delle sequenze di comunicazione. È necessario uscire dalla logica lineare di casualità (A ha fatto questo, quindi B ha reagito così) per adottare una prospettiva circolare dove esiste co-responsabilizzazione e co-costruzione di ciascun evento;

4. esistono due linguaggi nella comunicazione: un linguaggio digitale, verbale e un linguaggio analogico, non verbale. Nella situazione di coaching questa distinzione sostiene il coach nel considerare come importanti tutti gli elementi verbali e paraverbali dell'interazione;

5. esistono due tipi di interazione: la relazione simmetrica fondata sull'uguaglianza e la relazione complementare con una posizione alta e una posizione bassa. La relazione simmetrica determina un rischio di *escalation*, di continuo rilancio e di potere. La relazione complementare permette al coach, in funzione della situazione, di adottare una «posizione *down*», meno rischiosa, che lascia spazio al cliente (in «posizione *top*») oppure di assumere una posizione *top* in interventi più direttivi per fare avanzare il cliente.

Le aziende, come le famiglie, hanno le proprie storie strutturate intorno a miti fondatori, ad eventi di vita e a giochi di alleanze e di potere. L'approccio sistemico consente una lettura particolare di queste interazioni. Ad esempio, può succedere che l'arrivo di un nuovo capo in un contesto di lavoro rappresenti una sorta di «tradimento» della lealtà rispetto al precedente padrone e ciò potrebbe far sì che egli venga rifiutato a dispetto dei suoi sforzi di inserimento nel nuovo ambiente.

La fusione di due organizzazioni diventa spesso teatro di fronteggiamento tra due logiche e due sistemi di credenze e di cittadinanze. L'approccio sistemico ci permette di ricollocare queste interazioni all'interno di un ricco quadro concettuale e di introdurre l'individuo in un più ampio sistema di appartenenza.

Questo approccio offre anche delle griglie di lettura per l'osservazione del funzionamento di una squadra (natura della *mission* di gruppo, fenomeni di coalizione, giochi di potere, capri espiatori, confusione territoriale, ecc.). Allo stesso modo, esso permette anche di comprendere l'interesse di associare coaching individuale e coaching di gruppo, in quanto il cambiamento deve diffondere e appoggiarsi su ogni persona, affinché possa accompagnare e sostenere i cambiamenti individuali e collettivi verso un nuovo equilibrio.

3.5. *Terapie brevi e coaching*

Il quadro *concettuale* delle terapie brevi si delinea in seno al Mental Research Institute di Palo Alto con la creazione, nel 1967, del Brief Therapy Center ad opera di Watzlawick, Fisch e Weakland. Questa corrente emerge dal lavoro in terapia sistemica, in particolare in quella strategica, sotto l'influenza di terapeuti come Erickson e Haley. Un obiettivo fondamentale della terapia breve è quello di ridurre il tempo impiegato per risolvere un problema. Il cambiamento non verte sulla comprensione dell'origine del problema, il «perché», ma deriva da un approfondimento del modo in cui si mantiene, il «come». I principali postulati sono i seguenti:

- una focalizzazione sulla ricerca di soluzioni piuttosto che sullo studio dei problemi, da qui l'appellativo di «terapie orientate verso la soluzione»;
- la convinzione che il paziente è l'esperto della sua terapia e che traccia il percorso da seguire. Così il terapeuta deve volere solamente ciò che desidera il paziente (e rispettare, in particolare, se ce n'è bisogno, la sua volontà di non cambiamento);
- un approccio costruttivista e circolare delle problematiche: si tratta di promuovere una realtà meno dolorosa per il paziente cercando di apprendere dal suo contesto familiare, socioculturale, economico;

• una concezione molto pragmatica della presa in carico, organizzata nel «qui ed ora». Si favorisce il mantenimento di ciò che funziona e si propone di cambiare ciò che non va.

La metodologia e gli strumenti delle terapie brevi presentano molte somiglianze con quelli del coaching. Si può articolare nel seguente modo una sintesi schematica dei percorsi di terapia breve: *a*) definizione del problema; *b*) accordo sull'obiettivo di risoluzione; *c*) messa in opera e valutazione tramite la mobilitazione delle risorse del paziente con gli strumenti del terapeuta.

Definizione del problema: si tratta di ottenere una descrizione chiara e circostanziata dei fatti e delle ragioni che hanno creato il problema. Lo scopo, a partire dal resoconto della problematica del paziente, è quello di rendere evidenti le proprie rappresentazioni del mondo sottostanti giudizi, supposizioni, regole ed esperienze. Queste rappresentazioni sono le più difficili da modificare ed è proprio su queste che si focalizza l'intervento. Così si vede gradualmente emergere, dietro la «richiesta ufficiale», una «richiesta nascosta» che concerne le credenze strutturali della persona.

Accordo sull'obiettivo: l'obiettivo deve essere formulato in modo positivo, realistico, specifico e contestualizzato e definisce un contratto con il terapeuta.

L'obiettivo può essere espresso a breve, medio e/o lungo termine. Domande del tipo «Quali sono i segni per riconoscere il cambiamento?», «Quale ne sarà la più piccola manifestazione?», «Con quali segni un cambiamento sarà riconosciuto dagli altri?» permettono di verificare il realismo dell'obiettivo e di avviare il cambiamento, individuando uno spazio di soluzione.

Risorse del paziente e strumenti del terapeuta: le leve del «come» permettono di fare emergere delle nuove prospettive nel paziente. Si tratta di identificare e di utilizzare tutte le competenze del paziente (apprendimenti, successi, capacità di fare), ma anche i suoi fallimenti e resistenze e, in modo più generale, di raccogliere tutto ciò che può essere utilizzato nella sua visione del mondo per consentire un cambiamento di rappresentazione. Per di più, questa focalizzazione sul «come» mobilita un certo numero di strumenti del terapeuta: il silenzio, l'atteggiamento di specchio, l'attenzione verso l'altro (ai livelli verbale, non verbale e paraverbale), la posizione *down*, la «domanda miracolo» («Se qualcuno risolvesse il suo problema durante la notte, e se ne rendesse conto l'indomani mattina?»), il *reframing*, la riformulazione, l'uso di un linguaggio metaforico, l'intervento paradossale, le prescrizioni dei compiti, gli incoraggiamenti, i suggerimenti diretti o indiretti, ecc.

La filosofia del coaching è molto vicina a quella della terapia breve. Nei fatti, il terapeuta si presenta come un «operatore della diversità» che propone al paziente altre possibili letture della sua realtà. Questa realtà deve, però, essere coerente e significativa per il paziente affinché egli possa adoperarla. Perciò, il terapeuta deve impregnare l'universo della rappresentazione del paziente, creare con lui un'intesa e appoggiarsi alle sue risorse per mostrargli delle leve di cambiamento. Il terapeuta adotta un certo numero di stratagemmi, attinti dalla sua cassetta degli attrezzi, ma in fin dei conti, è il paziente che decide o meno di cambiare.

3.6. *Altri approcci*

All'indebolimento dei punti di riferimento collettivi corrisponde, a partire dalla seconda metà del XX secolo, un'abbondanza di prospettive teoriche centrate sui valori dell'autonomia, della creatività e dello sviluppo personale. Si determina anche una moltiplicazione dell'offerta di aiuto che risulta concomitante con lo sviluppo di un contesto socioculturale che richiama un individualismo crescente, una riappropriazione da parte dell'uomo del suo destino e una richiesta a farsi carico di ambiti di applicazione sempre più ampi. Così emerge una serie di approcci terapeutici che convive ai margini delle scuole più riconosciute; essi propongono un'alternativa tra psicoanalisi e comportamentismo. Meno formalizzate sotto il piano teorico, queste teorie hanno, prima di tutto, una visione pragmatica. Di seguito passeremo brevemente in rassegna tre approcci, che sebbene siano meno istituzionalizzati, rispetto alle teorie ricordate precedentemente, offrono un quadro di analisi e degli strumenti, a volte, molto pertinenti per la situazione di coaching. Si tratta dell'*analisi transazionale* di Eric Berne, la *terapia della Gestalt* di Fritz Perl e, in un quadro più generale, della *programmazione neurolinguistica* (Pnl) di Richard Bandler e John Grindler.

L'analisi transazionale. Intesa come una teoria della personalità e un metodo di analisi delle relazioni sociali, l'analisi transazionale è stata delineata nel 1950 dallo psichiatra e psicoanalista Eric Berne. Essa si presenta come un sistema psicoterapeutico d'ispirazione umanista, fondato sullo studio delle «transazioni», scambi interpersonali che rinviano a tipici stati interni.

Uno degli obiettivi centrali dell'analisi transazionale è favorire l'autonomia della persona, aiutandola a superare i pesi delle influenze passate, a modificare i modelli d'azione insoddisfacenti e a reagire più liberamente nel «qui ed ora».

In questa concezione, la personalità è costituita da tre stati distinti dell'Io: lo «stato dell'Io genitore», funzionante a partire dall'insieme dei pensieri, sentimenti e comportamenti introiettati dall'*entourage*, essenzialmente parentale; lo «stato dell'Io adulto», rappresentante le capacità cognitive d'integrazione, di trattamento e di scambio delle informazioni; infine lo «stato dell'Io bambino», che esprime i bisogni, i sentimenti e le emozioni della persona. Questa tipologia chiarisce, in modo pragmatico, il funzionamento interno ed interazionale dell'individuo e gli permette di lavorare ad un'integrazione più armonica delle componenti cognitive, emozionali e relazionali della sua personalità.

Tra gli altri concetti chiave del sistema troviamo quello di «scenari di vita», ovvero piani di vita inconsci, ereditati da decisioni prese durante l'infanzia che continuano a determinare le condotte della persona, a scapito, talvolta, della sua crescita e della sua realizzazione. L'analisi transazionale mira a mettere in luce e a modificare queste decisioni precoci dannose che sono state erette a sistema di credenze e a modello dei comportamenti. Altro concetto centrale è quello di «gioco psicologico», definito come la ripetizione, a mira manipolatrice, di una parte dello scenario che la persona, durante l'infanzia, ha appreso a mettere in atto per soddisfare i suoi bisogni di riconoscimento e di strutturazione.

Questi giochi psicologici possono essere all'origine delle difficoltà relazionali e la loro individuazione autorizza un'interazione più sana della persona con il proprio ambiente. L'analisi transazionale sostiene l'importanza dei bisogni di stimolazione, di riconoscimento, di struttura e dei comportamenti inadeguati generati dalla loro assenza.

Ricordiamo, per concludere, il fondamentale concetto di «posizione di vita», che corrisponde allo sguardo del soggetto su se stesso, gli altri e la vita in generale. La posizione di vita, ereditata dall'infanzia e legata allo scenario di vita generale, consente di apprendere la costruzione dell'identità della persona e il suo modo di essere nell'interazione con l'altro.

L'analisi transazionale, influenzata dalla psicoanalisi e dal comportamentismo, propone un quadro pragmatico nel quale pensare uno sviluppo più armonioso della persona nell'interazione. Anche lo sviluppo dell'autonomia, una migliore comprensione dei processi comunicativi e lo studio del rapporto con l'altro sono al centro del coaching, che trova nell'analisi transazionale un esempio di concetti e di strumenti efficaci da utilizzare.

La terapia della Gestalt o *Gestalt*. È stata fondata nel 1950 da Fritz Perl, psichiatra e psicoanalista. In una prospettiva esistenzialista e fenomenologica, la Gestalt sviluppa una visione olistica dell'essere umano, integrando le sue dimensioni psichiche, fisiche, sociali e spirituali. Essa pone l'accento sulla presa di coscienza e risente dell'esperienza attuale, focalizzandosi sull'«ora e come» per spiegare i processi in corso.

Il termine, che viene dal tedesco *gestalten* («mettere in forma»), illustra il tentativo di ristabilire un modo di essere e di fare più fluido e più soddisfacente. La Gestalt vuole favorire un contatto più autentico con gli altri, un adattamento della persona all'ambiente, che è portatore di una maggiore armonia e di una migliore efficacia, attraverso la presa di coscienza di meccanismi interiori e di resistenze che mantengono, talvolta, delle condotte ripetitive insoddisfacenti.

La Gestalt focalizza l'attenzione sul modo di essere al mondo («teoria del *self*») e sui fenomeni d'interazione che avvengono tra la persona e il suo ambiente. Il concetto di «ciclo di contatto» evoca le differenti tappe d'ingresso nella relazione con l'altro e i rischi in termini di blocchi o interruzioni.

L'espressione «Gestalt incompiuta» vuole rendere conto delle frustrazioni e dei blocchi di energia che possono derivare da un ciclo interrotto in modo insoddisfacente. Sempre in questa prospettiva fenomenologica, la Gestalt pone l'accento sulla coscienza nel «qui e come» (*awareness*). A partire da ciò che emerge (o, in termini gestaltisti, dalla salienza della figura rispetto allo sfondo) questo approccio propone una ricerca sperimentale di soluzioni, di «sperimentazioni», attraverso delle messe in scena metaforiche o simboliche. Questo lavoro fornisce una nuova prospettiva sulla problematica attuale; consente di sviluppare nel soggetto la sua creatività e di scoprire altre modalità di interazione con l'ambiente.

La Gestalt integra e combina un insieme di metodi e tecniche verbali e non verbali, quali l'amplificazione, lo psicodramma e la messa in azione, che facilitano la presa di coscienza, lo sviluppo dell'*awareness*, l'espressione delle emozioni, il lavoro a partire dai sogni, l'integrazione delle polarità complementari e la ricerca della creatività.

Anche la Gestalt offre qualche pista per il coaching. La sua prospettiva fenomenologica permette di interpellare il cliente su ciò che viene vissuto nel «qui ed ora» della seduta, valorizzando ciò che viene vissuto a livello emozionale e corporeo. Il lavoro di riflessione e di consapevolezza rappresenta un percorso di apprendimento globale della persona nel suo ambiente, includendo anche la metasituazione costituita dal coaching. Il concetto di «ciclo di contatto» definisce le condizioni di un'intesa relazionale riuscita e di ciò che accade nella «frontiera-contatto» tra coach e cliente, da una parte, e tra il cliente e il suo *entourage*, dall'altra. Qualora si metta in luce la presenza di un quadro incompleto delle relazioni, ovvero una sorta di «Gestalt incompiuta», si ottengono dei punti di appoggio per una rilettura accurata della situazione stessa e per un miglioramento definitivo dei processi insoddisfacenti attuali e ricorrenti. Infine, la Gestalt contribuisce a responsabilizzare e rendere autonoma la persona in un processo di co-costruzione tra i partner attivamente impegnati nella lettura della situazione e nella soluzione dei problemi.

La programmazione neurolinguistica (Pnl). È stata creata nel 1973 da John Grindler e Richard Bandler per ampliare le tecniche, i comportamenti e le strategie comuni degli esperti in comunicazione. A partire dalle osservazioni dei grandi psicoterapeuti, i due autori hanno creato degli strumenti che permettano di comunicare più efficacemente, di accelerare l'apprendimento, di mettere in atto il cambiamento e di migliorare le performance. La Pnl è impregnata, in maniera eclettica, di teorie sistemiche, cognitive e umaniste, della cibernetica e della linguistica. Il termine «programmazione» si riferisce ai mezzi cognitivi ed emozionali a disposizione per organizzare idee ed azioni in vista di un risultato, «neuro» ricorda che le capacità di apprendimento e di azione poggiano sui trattamenti sensoriali e, infine, il termine «linguistica» insiste sul ruolo del linguaggio nella strutturazione delle esperienze, percezioni e rappresentazioni del mondo.

La finalità dell'intervento Pnl è di creare le condizioni favorevoli all'altro per realizzare i suoi obiettivi, apprendendo esattamente il suo sistema di percezione e di interpretazione della realtà. La definizione dell'intesa relazionale e, in generale, la comunicazione performativa si fondano sulle tecniche di sincronizzazione corporea (gesti, sguardo, respirazione) e verbale (voce, utilizzo del linguaggio prendendo in prestito i canali sensoriali privilegiati dell'altro, ecc.), sul riconoscimento delle strategie mentali dell'interlocutore (per esempio, l'osservazione dei movimenti oculari come indicatori di elaborazione sensoriale) e sul rispetto della rappresentazione o «mappa del mondo» dell'altro.

L'esame dello scarto tra lo stato presente e quello atteso della persona, combinato con l'inventario delle risorse e degli ostacoli, acquisisce un ruolo decisivo nell'ambito dello specifico «metamodello» coerente con la situazione.

Questo metamodello, infatti, viene elaborato riprendendo le approssimazioni linguistiche e cognitive più frequenti e testando le sue rappresentazioni limitative. Il lavoro prosegue con una definizione molto precisa dell'obiettivo: ci si domanda, cioè, se l'obiettivo è realistico, ecologico, formulato in modo positivo, testabile, riformulabile in altri termini, coerente con la persona, ecc. Per procedere in questo esame la Pnl si basa su un insieme di strumenti quali l'identificazione di metaprogrammi, il *reframing*, le associazioni e le dissociazioni, il modello «come se», le metafore, la tecnica dell'ancoraggio o le tecniche per l'attivazione delle risorse.

La Pnl può essere utile nell'esercizio del coaching soprattutto per le tecniche pragmatiche che propone per una migliore gestione della relazione con l'altro.

A partire da un insieme eclettico di saperi e di teorie, la Pnl aiuta a focalizzarsi sul sistema di rappresentazione del cliente e a favorire così la percezione e la consapevolezza dei suoi giochi psicologici nel «qui ed ora».

CAPITOLO TERZO

PROFILO DEL COACH

1. *Una posizione tra il saper-essere e il saper-fare*

Il coaching, che nasce dall'incontro intersoggettivo, si sviluppa attraverso il dispiegamento di dispositivi e di tecniche che hanno un notevole valore, ma che dovranno progressivamente essere dimenticate o trascese per non perdere di vista l'essere umano. In questo senso il coach introduce una pratica basata sul saper-fare e il saper-essere, in una continua alternanza dove il processo prende, spesso, sopravvento sul contenuto. Qualità dell'essere e competenze relazionali sono i fondamenti indispensabili dell'intesa, che si arricchisce con l'apporto di strumenti finalizzati a identificare e ad affrontare la problematica del cliente.

Un chiarimento, in proposito, viene fornito, in ambito psicoterapeutico, dagli studi sull'efficacia delle terapie. Questi studi mostrano che i terapeuti insistono sull'importanza delle loro tecniche come «catalizzatori» di cambiamento, mentre i pazienti sottolineano ampiamente le qualità personali di questi ultimi, al di là del riferimento ad uno specifico sistema teorico.

Il saper-essere del coach si manifesta attraverso un modo di porsi particolare sostenuto da una qualità dell'essere e da competenze relazionali che condizionano l'interazione. La sua azione si inserisce in una concezione forte dell'uomo, come soggetto in crescita e in divenire, responsabile delle proprie scelte e detentore di un'esperienza e di un potenziale da sviluppare.

Quindi non si tratta di una «visione angelica» o ideale (che, allora, sarebbe inoperante), in quanto lontana dal fornire un'approvazione incondizionata alla sua azione; ma di una visione che colloca il cliente di fronte alla sua responsabilità di divenire (tutto) ciò che egli può essere con il sostegno mobilizzatore della presunzione di competenza rinviata dal coach. Questo atteggiamento è alla base del contratto di co-costruzione del coaching, dove il coach, assumendo un atteggiamento di specchio, è animato dalla preoccupazione di sviluppo e di autonomizzazione del proprio cliente e mette le sue competenze a servizio dell'emergere delle risorse del cliente stesso. Il saper-essere è anche fondato su una qualità dell'essere fatta di serenità, di fiducia in sé, di coerenza interna, di ottimismo, di capacità a tollerare l'incertezza e di cura dell'altro. Questa qualità dell'essere si concretizza nella triplice accettazione dell'Io, con il suo potenziale e i suoi limiti, dell'altro nella sua radicale alterità e nelle sue ambivalenze (ivi compreso il caso eclatante del suo rifiuto di cambiare), dell'ambiente con le sue costrizioni e le sue opportunità.

Il coaching si realizza nell'ambito di un quadro concettuale e di una strategia di azione alimentati dalle teorie del coach sull'organizzazione e sulla persona e dalle tecniche di intervento. Gli strumenti sono importanti in quanto permettono di strutturare l'interazione, di comprendere la problematica avanzata e di progredire verso una soluzione. Il ricorso a degli strumenti consente anche, implicitamente, di riunire (e di rassicurare) coach e cliente intorno ad un contratto di messa in opera di mezzi, a partire da un corpo teorico e di saperi supposti e, almeno in parte, condivisi, che modulano la relazione.

Nel capitolo precedente abbiamo visto come il campo psicoterapeutico possa offrire delle prospettive che permettono di pensare la relazione di aiuto e dotano la pratica del coach di tecniche di intervento. Il saper-fare è importante a diversi livelli: tecniche di ascolto e di interrogazione per comprendere la problematica; fare propri i quadri di riferimento dell'altro e dei suoi obiettivi; capacità di diagnosi per identificare il bisogno; competenze relazionali per analizzare i fattori di transfert e rafforzare l'intesa; passaggio dalla richiesta esplicita a quella implicita; ristrutturazioni cognitive e tecniche di *reframing* per aprire nuove prospettive e preparare il cambiamento; compiti tra le sedute e l'accompagnamento nell'azione, ecc.

Il saper-fare del coach è essenziale, infine, per evitare l'eccessiva spinta a fare o dire, per potere liberarsi della tecnica, avvalersi del silenzio, lasciare posto agli elementi inespressi e proficui della relazione, al saper-essere e per lasciare il ruolo centrale al cliente.

2. *Competenze e formazione del coach*

Il coaching è un'attività di servizio che condivide alcuni dei suoi attributi strutturali con quelli di un mercato professionale costituito di recente: l'eterogeneità degli attori e delle pratiche, la mancanza di istituzionalizzazione e di controllo, le deboli barriere all'ingresso, ecc. Il coaching può suscitare, a torto o a ragione, numerose vocazioni. Peraltro, la natura dell'intervento rende difficile, al di là dell'obbligo dei mezzi, valutare oggettivamente le competenze richieste: una persona senza formazione specifica al coaching potrebbe essere, tuttavia, per le sue qualità dell'essere, la sua esperienza di vita e la sua competenza relazionale, un coach valido. Al contrario, un individuo che ha le competenze e un sapere tecnico teoricamente qualificato potrebbe rilevarsi inefficace. Pur tenendo presenti questi aspetti, non bisogna per questo cedere ad un relativismo che autorizzerebbe tutte le pratiche e ridurrebbe il quadro invece ricco ed esigente della professione di coach.

Per operare nel mondo delle organizzazioni e nel contesto delle relazioni di aiuto, il coach deve appropriarsi dei saperi e delle competenze in questi due ambiti. Il suo profilo si delinea sui seguenti elementi costitutivi:

- una maturità personale e professionale, poggiata su un equilibrio personale, un'esperienza di vita e un percorso professionale pertinenti;
- un'esperienza significativa o, almeno, una forte sensibilizzazione al mondo dell'impresa. Questa conoscenza è importante per apprendere il contesto organizzativo e i suoi obiettivi, condividere il quadro di riferimento del cliente, comprendere il tipo di problematica affrontata, in particolare in termini gestionali, potere essere un fornitore di alternative pragmatiche e accompagnare il cliente nella messa in atto del cambiamento;
- dei saperi e un'esperienza nella relazione di aiuto acquisita in campo terapeutico o delle scienze umane, per

creare e mantenere l'intesa, comprendere e chiarire il pensiero dell'altro, cogliere gli obiettivi personali impliciti e analizzare i processi in gioco. A questo proposito, la distinzione tra «coaching psicoanalitico» e «coaching organizzativo» ci pare essere un falso problema, come attesta la difficoltà di dividere artificialmente l'essere umano tra sfera personale e sfera professionale; coach e cliente devono semplicemente essere chiari sulla natura, il contratto e le finalità dell'intervento;

- un lavoro terapeutico o di sviluppo personale e una supervisione della propria pratica, per mantenere un'adeguata base personale e professionale;
- un'etica e una deontologia solide;
- una formazione specifica al coaching. Essa consente di considerare le specificità di questa modalità di relazione di aiuto, di attuare una strategia di intervento facendo emergere la richiesta reale dell'altro, un contratto di condivisione e l'uso pertinente degli strumenti.

3. *Lavoro personale e supervisione*

L'importanza del lavoro di sviluppo personale e della supervisione per un professionista implicato in una relazione di aiuto è stata sottolineata dal campo psicoterapeutico e più specificamente dalla psicoanalisi. Un postulato fondamentale è che lo specchio, rappresentato dal terapeuta o dal coach, deve tentare di riflettere, evitando il più possibile di deformare. Per di più, le deformazioni relative alla relazione devono essere limitate, controllate e analizzate all'interno del processo relazionale.

Il lavoro terapeutico personale deve permettere al coach di esplorare il proprio funzionamento psichico, di analizzare i processi ripetitivi di percezione e di azione nel proprio ambiente, di liberarsi dagli schemi compulsivi o riduttivi e di guadagnare una maggiore autonomia. Il coach, migliorando la conoscenza dell'Io, evita di «contaminare» troppo la relazione di coaching con i propri interrogativi e le proprie problematiche. Le sue teorie o credenze non devono ostacolare la sua capacità di capire e accogliere il quadro di riferimento dell'altro.

Abbiamo visto l'importanza del rischio proiettivo che oscura il confine tra ciò che deriva dal campo personale (e che può agire come un parassita della situazione di coaching) e ciò che appartiene realmente all'altro. Il lavoro personale è anche uno spazio dove il coach fa esperienza, in un'altra posizione, di risorse nascoste della relazione intersoggettiva, dell'importanza e delle difficoltà dell'introspezione, del mistero della sua umanità. Questo spazio di sviluppo personale diventa necessariamente, attraverso la riflessione, un'opportunità per una migliore comprensione dell'altro.

La supervisione è un elemento essenziale della pratica del coach per molteplici ragioni: in primo luogo, essa gli permette di distaccarsi dalla situazione ed evitare così di «invischiarsi» nel sistema coach/cliente, analizzando i propri interventi in un appropriato *setting* di riflessione.

Il confronto della sua pratica con una terza persona competente e con esperienza può permettere al coach, attraverso il feedback di un osservatore più oggettivo, di evitare di incorrere in errori, di sbloccare delle situazioni e di aprire altre possibilità di intervento. La supervisione è anche un luogo dove il coach deve analizzare le proprie difficoltà personali, gli elementi di controtransfert dell'intervento e migliorare così la comprensione del suo funzionamento psichico e della sua azione. La supervisione è, infine, un luogo didattico di incremento delle competenze e della professionalità del coach attraverso lo scambio dialettico, gli apprendimenti, il contributo di un'esperienza e di un'altra percezione e attraverso il *modelling* su una persona competente e di fiducia. Riassumendo, l'esercizio di supervisione, che ricorda, per analogia, la situazione del cliente, è, per il coach, un luogo di sperimentazioni, di confronto, di apprendimenti, di convalida, di arricchimento del suo lavoro e a questo titolo un elemento essenziale del suo sviluppo personale e professionale.

4. *Etica e deontologia del coach*

In comune con ogni situazione che riguarda il prendersi cura della persona, il coaching richiede una riflessione etica e implica necessariamente che il coach adotti delle regole deontologiche molto chiare per tutelare gli interessi dei propri clienti. Questa esigenza nasce dalla natura e dalla posta che viene messa in gioco nella relazione di aiuto e dalle specificità della pratica di coaching. La responsabilità del coach è centrale e costante in questo processo, dove si instaurano necessariamente fenomeni d'influenza e di potere, dove le posizioni di ciascuno sono raramente simmetriche e dove l'essere umano si rivela in tutta la sua vulnerabilità. Peraltro, il coaching si colloca, spesso, in una relazione contrattuale tripartita (coach, persona e istituzione) che richiede una vigilanza particolare in modo da gestire i possibili problemi di conflitto di interesse e di fiducia. Prima di accettare un incarico il coach deve fissare con il suo mandante la natura, i limiti e le costrizioni del suo intervento. Questo prerequisito deontologico si impone al coach e facilita il rispetto delle regole di funzionamento per tutte le parti.

Le situazioni potenzialmente problematiche rispetto alla deontologia sono numerose. Facendo riferimento ai codici deontologici esistenti in campo medico e psicologico, è sufficiente garantire un certo numero di principi fondamentali e rinviare al senso di integrità e al giudizio del coach. Questi principi sono:

- il rispetto dei diritti, della libertà e dei valori del cliente, evitando ogni abuso di influenza e lasciandolo padrone e responsabile di tutte le decisioni;
- la competenza professionale poggia su una formazione teorica e pratica di qualità e richiede continui perfezionamenti; inoltre, si richiede l'impegno di mantenere un quadro di supervisione e di controllo della propria pratica da parte di un terzo qualificato;
- il dovere di informazione del cliente se il coach riconosce che egli raggiunge i suoi limiti o che l'intervento supera il suo ambito di competenze;
- la responsabilità e il dovere di correttezza e lealtà del coach nelle sue relazioni, rispetto a quanto viene messo in gioco nell'intervento e al transfert che indeboliscono potenzialmente il cliente. Questo dovere proibisce ogni millantata e falsa rappresentazione delle proprie qualità, esperienze o competenze, ogni confusione o conflitto di ruolo,

al di là di quello definito nell'ambito del quadro contrattuale del coaching. Inoltre, i fondamenti teorici degli interventi del coach devono poter essere formulati all'attenzione del cliente o di un terzo, in modo chiaro e razionale;

- il rispetto della fiducia che proibisce la comunicazione delle informazioni ad un terzo senza il consenso del cliente. Nel caso, frequente, di contratto tripartito, dove il coach ha due clienti (la persona e l'istituzione), bisogna potersi assicurare un accettabile allineamento tra gli obiettivi di queste due parti, al fine di agire nella direzione dell'interesse del sistema nel suo complesso e chiarire le modalità di informazione;
- il dovere di rispetto e di non ingerenza del coach negli usi e nelle pratiche della società cliente;
- l'obbligo morale per il coach di non accettare o di ritirarsi dall'incarico, qualora il quadro contrattuale o relazionale imposto non corrispondesse alle regole deontologiche prefissate o si dispiegasse al di fuori del quadro legale e regolamentare.

Ai doveri deontologici peculiari della relazione di aiuto si aggiunge una complessità supplementare che nasce dal contratto tripartito e dal «doppio giuramento» al cliente e all'azienda mandataria. Essa colloca il coach in una posizione tanto più pericolosa quanto più gli interessi delle parti non sono in equilibrio. La forza e la coerenza, con le quali il coach può (in particolare attraverso il contratto) chiarire e sostenere il suo quadro deontologico e difendere il suo spazio di lavoro con il cliente, sono essenziali per creare la fiducia indispensabile all'intesa nei confronti del cliente, rassicurando l'azienda su ciò che questa libertà rappresenta anche per tutti gli altri in gioco.

CAPITOLO QUARTO

STRUTTURA DEL COACHING

1. *Elementi strutturali dell'intervento*

L'intervento di coaching definisce un quadro concettuale e una strategia di azione da parte del coach che costituiscono un prerequisito essenziale della sua efficacia.

Questo quadro è una sorta di filo conduttore che collega le varie fasi dell'azione, ma attorno al quale il coach deve, tuttavia, dimostrare una grande flessibilità per adattarsi alle esigenze puntuali della situazione. Schematicamente la prassi operativa del coaching richiede di: individuare il problema, fissare l'obiettivo, validarlo e lavorare sulle possibili soluzioni. La seduta può così essere strutturata intorno ai quattro elementi che seguono:

1. definizione del problema del cliente;
2. analisi della richiesta;
3. definizione del contratto;
4. esame risolutivo.

La problematica del cliente viene affrontata a partire da una domanda come: «Di che cosa si tratta?», che fa entrare gradualmente il coach nella realtà e nel quadro di riferimento del cliente. Il problema può esprimersi come scarto tra una situazione presente e una situazione attesa. La domanda del coach «Cosa si aspetta da me?» facilita l'emergere di un bisogno e di una richiesta esplicita da parte del cliente. Questa «richiesta di una richiesta» da parte del coach è importante, in quanto colloca immediatamente l'interazione sotto il segno della condivisione e della responsabilizzazione, rifiutando al cliente la tentazione di creare una relazione simbiotica con un coach fantasma onnipotente e onnisciente a cui si chiede di indovinare in anticipo i propri bisogni. In questa logica di co-costruzione indotta dalla formulazione esplicita della richiesta, coach e cliente possono accordarsi concretamente sugli obiettivi da raggiungere e stabilire un «contratto psicologico» («Lei desidera quindi che noi facciamo questo insieme?»). Una volta ottenuto questo accordo esplicito, devono essere esplorate delle piste risolutive, appoggiandosi sulle risorse del cliente e sugli strumenti del coach.

Questo percorso attraverso problema/domanda/contratto non è sequenziale o unico; esso, al contrario, segue un andamento altalenante. Così il discorso del cliente, spronato dalla domanda del coach, lo porta per primo a precisare, riformulare, modificare e apportare altri elementi che faranno evolvere la natura della sua richiesta man mano che il processo lo aiuta a prendere coscienza di certi aspetti. Lenhardt [2002] descrive bene l'importanza di questo lavoro a spirale proprio del coach, che deve rivedere costantemente realtà, problema e richiesta del cliente. La situazione plasmabile del coaching esige, in effetti, da parte del coach, che egli confermi, ad intervalli regolari, il contratto con il proprio cliente per restare più vicino alle sue preoccupazioni e calibrare meglio, così, le sue azioni. Presentiamo ora con maggiori dettagli questi elementi costitutivi dell'intervento, iniziando con la definizione del problema del cliente.

2. *Il problema*

Il problema costituisce il punto di partenza dell'intervento. In risposta alle domande del coach, il cliente espone una narrazione, più o meno circostanziata e ordinata, di un problema che egli desidera trattare all'interno del coaching.

Questa fase introduce il coach nella realtà del cliente. I fatti connessi alla loro modalità di restituzione svelano un modo di essere e una rappresentazione del mondo che il coach deve apprendere. In questo stadio l'ascolto e le domande mirate sono gli strumenti più importanti. Bisogna: saper tacere, adottare una posizione di specchio con sincronizzazione posturale e verbale, essere attenti all'altro (al suo modo di pensare, di esprimersi e di muoversi), adottare una posizione non invadente, ma anche parlare per chiarire, riformulare e rilanciare al fine di comprendere e mostrare al cliente che egli è compreso.

Due scogli, almeno, minacciano questa fase: una raccolta di informazioni incompleta, confusa e troppo frammentata che dà un'immagine poco chiara della situazione; al contrario – ed è il caso forse più frequente –, un eccesso di informazioni rassicuranti (giacché l'intesa sembra costruirsi) ma che inghiottiscono coach e cliente in un'aneddotica dettagliata che, di fatto, impedisce una sufficiente presa di distanza. Le domande del coach sono quindi essenziali nell'esplorazione della posta che viene messa in gioco: che cosa costituisce il problema? Per chi è un problema (l'ufficio risorse umane, il capo, il cliente...)? In quali condizioni si manifesta? In cosa rappresenta un problema? Da quando? Ci sono stati tentativi per risolvere questo problema in passato?, ecc. In una prospettiva sistemica, è essenziale inserire il/i problema/i del cliente nel contesto più ampio del suo ambiente relazionale e comprendere i vari aspetti che si sviluppano affinché il coach possa decidere, in precedenza, dove deve focalizzare la sua azione: è un problema personale? relazionale? esterno al cliente e sul quale lui e il coach hanno, tutto sommato, poca influenza? La «domanda miracolosa» mutuata dal campo delle terapie brevi ci fornisce una possibile spiegazione. Un'eventuale variante si esprime nel seguente modo: «Si risveglia al mattino e il suo problema è scomparso: da quali cambiamenti lo nota? Chi se ne accorge, per primo, nel suo *entourage*? Cosa fa dopo?, ecc.». Tale serie di domande permette di interrogarsi sulla natura e sulla realtà del problema, di visualizzare ciò che sarebbe la situazione desiderabile, quali obiettivi relazionali essa integra, ciò che la risoluzione permette di fare, ecc.

Questa fase di esposizione del problema permette al coach di identificare i principali obiettivi del suo cliente. In questa esplorazione, il coach si focalizza contemporaneamente sul contenuto e sui processi di restituzione e formula mentalmente le prime ipotesi sulla visione del mondo e i bisogni del cliente.

Egli, quindi, li confronta con l'espressione della domanda e suggerisce le prime opzioni di intervento.

3. *La richiesta*

La narrazione della problematica del cliente porta naturalmente alla formulazione di un obiettivo sotto forma di una domanda che il coach formula al suo cliente: «Che cosa si aspetta da me?», «In cosa posso aiutarla?». Abbiamo visto che questa domanda, in un certo modo, stimola la condivisione esigendo dal cliente che si prenda la responsabilità dell'espressione esplicita di un bisogno, invece di rimettersi passivamente alla volontà di un coach onnipotente. In modo altrettanto importante, la domanda e la sua risposta condizionano l'interazione essendo un indicatore del grado di adesione del cliente al processo. In un processo ricorrente, una richiesta realistica crea, delle attese e una mobilitazione che il coaching sfrutta e che contribuisce alla sua efficacia. Al contrario, un'assenza di richiesta, o una richiesta che non sarebbe «sfruttabile» in quanto contraddittoria, irrealistica, manipolatoria, fuori dall'ambito del coaching, presagisce ad un esercizio difficile, addirittura inutile, cosa che il coach deve identificare rapidamente. Queste situazioni non sono rare e possono rimandare ad una prescrizione inadatta di coaching o all'esistenza nel cliente di «benefici secondari» (per riprendere un termine dal linguaggio psicoanalitico) rilevanti per vedere fallire il coaching. Un primo obiettivo è quindi fare emergere una domanda/richiesta che possa servire di sostegno ad un lavoro.

Tale atto di verbalizzazione attraverso il cliente è già produttivo in quanto elimina un certo numero di richieste poco realistiche, perché fuori portata del soggetto e che non «resistono all'incontro» con il coach.

Il cliente formula, spesso in maniera confusa, una prima richiesta che deve essere precisata dall'interazione con il coach. Questa richiesta esplicita nasconde, spesso, altri livelli di richiesta impliciti che si dispiegano nel corso del processo. A questo proposito nella psicoanalisi si parla di «domanda manifesta» che nasconde una domanda latente, inconscia. Mentre gli approcci sistemici familiari parlano di «domanda ufficiale» che maschera una «domanda nascosta», più complessa e che dovrà emergere dal lavoro terapeutico.

L'intervento di coaching si appoggia inizialmente su questa prima domanda/richiesta esplicita, espressa, spesso, in termini operazionali. Con il tempo e il rafforzamento dell'intesa, la messa in luce dei modi di funzionamento e di rappresentazione fa emergere altre domande, più profonde, da parte del cliente. Ad esempio, un problema relazionale con un superiore gerarchico potrebbe denotare un bisogno di riconoscimento e di approvazione che rimanda ad esperienze di vita o a schemi di pensiero acquisiti precocemente. Allo stesso modo, l'inserimento in un nuovo posto (di lavoro) fa nascere sentimenti di ansia, di aggressività, o problemi relazionali che potrebbero nascondere una paura di non farcela e di non essere sinceri con se stessi e un deficit di stima di sé di cui il cliente va a percepire gli aspetti ricorrenti in altre situazioni della sua vita. Dunque la comprensione degli aspetti impliciti è essenziale per il coach. Questa lettura consente, in effetti, di apportare una coerenza più globale a domande operazionali riduttive, a volte contraddittorie o apparentemente non legate tra loro e, così facendo, di fornire un supplemento di senso che è un vero fattore di progresso per il cliente. In questa prospettiva i livelli superiori della piramide motivazionale di Maslow, richiamata precedentemente, suggeriscono alcuni di questi bisogni più strutturali che emergono gradualmente nel lavoro orientando la direzione del lavoro di riflessione. Così l'analisi della domanda invita a ritornare sul problema per precisarlo meglio e permettere al coach di elaborare delle ipotesi sui bisogni del cliente.

L'espressione di una domanda/richiesta esplicita, sfruttabile nella relazione di aiuto, consente, in un primo tempo, di validare l'adesione del cliente al processo e di stabilire un contratto su delle solide basi. Questa domanda ha spesso la tendenza ad evolvere durante il processo di coaching, man mano che vengono messi in luce i giochi psicologici più profondi del cliente.

4. *Il contratto*

È importante che il coach validi esplicitamente con il cliente l'obiettivo che è emerso durante l'analisi della domanda. Lo scopo del contratto si può formulare così. Coach: «Vista la sua richiesta, desidera che durante il resto di questa sessione passiamo in rassegna le possibili opzioni per aiutarla a prendere una decisione?»; cliente: «Sì, ciò sarebbe utile».

Per paura di rompere un'armonia di relazione (o di sbagliarsi, di perdere l'incarico, ecc.), il coach che non esplicita il contratto può non cogliere pienamente le vere preoccupazioni del cliente, confermare potenzialmente delle attese irrealistiche, controproduttive, non conformi alle sue competenze, alla sua etica, ecc. Al contrario, se il coach si sforza di arrivare a una chiara definizione del contratto, egli sarà in grado di strutturare l'intervento di coaching, porre dei limiti, creare uno strumento di chiarimento e di riferimento sul quale entrambe le parti vanno ad appoggiarsi, e soprattutto responsabilizzare il cliente, respingendo, con cura, ogni tentazione simbiotica.

Naturalmente, questo contratto non deve fossilizzare l'interazione all'interno di un contesto di intervento troppo rigido, ma deve essere rivisto costantemente, via via che emergono delle richieste implicite che contribuiscono a fare evolvere gli obiettivi del cliente.

È importante notare che il «contratto psicologico» s'inserisce all'interno di un contesto più ampio che comprende delle limitazioni e delle problematiche personali, relazionali e istituzionali. L'analisi transazionale, ad esempio, distingue tre tipi di contratto:

1. il *contratto d'affari*, in generale scritto, che definisce i termini oggettivi dell'accordo: obiettivi, tariffe, durata, svolgimento, condizioni. Nel coaching è tipico il contratto giuridico con l'istituzione mandataria;

2. il *contratto relazionale* informale, che definisce le modalità delle relazioni tra le parti in gioco: accordi sul contenuto (argomenti da discutere, teorie avanzate) e processi (modo di trattarli, di regolare le interazioni, gli eventuali conflitti, ecc.). Nel coaching, il contenuto è costituito, per esempio, dalla richiesta pratica e dal processo, dal modo in cui si prevede di svolgere l'intervento di coaching;

3. il *contratto segreto*, infine, che riguarda gli aspetti psicologici consci o inconsci dei partner dello scambio: nel

coaching sono, ad esempio, le resistenze al cambiamento del cliente, i «benefici secondari inconsapevoli» a fare fallire il processo di coaching e, di conseguenza, la volontà del coach di fare cambiare, a tutti i costi, il suo cliente per svolgere bene e con efficacia il lavoro, per soddisfazione narcisistica, ecc.

Il contratto costituisce una specificità rilevante dell'intervento di coaching.

Infatti, contrattando formalmente la relazione, il coach riafferma la responsabilità dei due protagonisti nella conclusione dell'intervento. Il contratto è un quadro di riferimento chiaro che non deve però essere troppo restrittivo e che può essere rivisto. In questo lavoro a spirale che abbiamo richiamato precedentemente, il contratto si adatta ai nuovi obiettivi del cliente che emergono dalle nuove prospettive aperte dall'interazione. L'accordo tra le due parti sulla finalità dell'intervento apre la strada alla concreta esplorazione delle soluzioni e delle decisioni che potrebbero essere prese.

5. *La ricerca delle soluzioni*

La prima parte del coaching rappresenta un percorso diagnostico di raccolta delle informazioni, di comprensione del quadro di riferimento e delle modalità di funzionamento del cliente e di validazione di un obiettivo per il quale è stato stabilito l'incontro. La seconda parte è orientata verso la ricerca delle possibili vie di miglioramento della problematica del cliente, di una migliore utilizzazione delle sue risorse e dell'espressione del suo potenziale. È chiaro che la qualità della prima fase condiziona il successo della seconda. Essa deve creare un inizio di intesa, in modo tale che il coach possa comprendere le problematiche del suo cliente e formulare delle ipotesi sui suoi bisogni. La capacità del cliente di verbalizzare il proprio problema è già produttiva: essa, infatti, lo costringe a chiarire la sua problematica, attraverso il confronto con il coach e prendendo una prima distanza nei confronti di ciò che egli inizialmente poteva sentire come invischiato, confuso, utopico, ecc. La formulazione di una richiesta autentica consente di visualizzare ciò che potrebbe essere la situazione desiderata, ciò che rappresenta un primo passo verso la risoluzione, creando una speranza di miglioramento e una mobilitazione delle risorse. La fase di esplorazione risolutiva si appoggia alle risorse del cliente in maniera tale che egli progredisca a partire dalla sollecitazione dagli strumenti del coach. In questa fase il coach è un «fornitore di nuove prospettive», un operatore della diversità; egli tenta di stimolare le energie del cliente, proponendo un quadro di riferimento che mobilita le sue competenze, il suo desiderio e la sua realizzazione d'identità.

Abbiamo già richiamato alcuni ingredienti di questa ricerca a due verso un supplemento di significato. Essa si inserisce nell'ambito di una relazione transferenziale positiva che abbassa le resistenze al cambiamento e favorisce l'esplorazione nella direzione della fiducia e dell'intesa. Essa richiede al coach di saper fare domande e di esplicitare le sue capacità di ascolto, diagnosi, confronto, feedback e metacomunicazione. Essa ricolloca la problematica del cliente in un contesto sistemico più ampio e permette così di creare un legame e una coerenza tra eventi apparentemente non connessi. Essa fa appello alla creatività del coach e alla sua capacità di favorire una ristrutturazione cognitiva o un *reframing* del pensiero del cliente verso una modalità più stimolante.

Essa fa dello spazio del coaching un luogo di sperimentazione di nuovi comportamenti, pensieri, emozioni, di simulazione e gioco di ruolo; così che il cliente possa pensare alle sue possibilità di azione, a come attualizzare i suoi pensieri. Essa mobilita e stimola il cliente attraverso gli incoraggiamenti, i rinforzi, i «permessi» (per riprendere un termine dall'analisi transazionale) prodigati dal coach. Essa è sostenuta dallo sguardo benevolo ed esigente dell'altro che agisce come un concreto invito a realizzare il suo potenziale.

CAPITOLO QUINTO

ASPETTI FONDAMENTALI DEL COACHING

1. *L'ascolto*

L'ascolto è una competenza essenziale e complessa del coach. Esso favorisce la raccolta delle informazioni e consente al coach di assumere il punto di vista del cliente e i suoi obiettivi, di accoglierlo e di accettarlo nelle sue specificità esistenziali, senza preconcetti.

Molti elementi possono disturbare l'ascolto rendendolo un esercizio difficile: teorie e strumenti posseduti dal coach che strutturano e potenzialmente cristallizzano le sue «griglie di lettura», risonanze contro-transferali che influenzano l'interazione, concezioni e percezioni dell'altro, stato emozionale, psichico del coach che influisce sulla sua disponibilità, fattori legati al «qui ed ora» che possono turbare la relazione, ecc. L'ascolto deve essere, in un certo modo, sempre attivo.

Esso va inteso contemporaneamente come una «postura» filosofica e tecnica.

Si parla di postura, in quanto si tratta di un atteggiamento di apertura all'altro al fine di creare uno spazio di libertà, di espressione e di riconoscimento del suo pensiero. Nell'ottica di Carl Rogers, si tratta di accettare l'altro così com'è, non bloccato in una fase di esperienza, ma in divenire. Si tratta di comprendere l'altro nei suoi desideri, nelle sue paure, nelle sue frustrazioni, e anche nella sua confusione, uscendo dal suo quadro di riferimento per capirlo meglio. Si tratta di dimostrare l'empatia, la capacità di calarsi nell'esperienza provata dall'altro per condividere la natura (ma non l'intensità per preservare una certa oggettività) di ciò che egli vive. Questo atteggiamento di autenticità e di benevolenza è percepito dal cliente che si sente appoggiato e incoraggiato nella produzione di un discorso su se stesso e che percepisce il coach come degno di fiducia.

L'ascolto è anche un insieme di tecniche che interrogano ogni interazione.

Esso richiede contemporaneamente un controllo, a livello del contenuto, dell'aspetto digitale o verbale della relazione e della modalità in cui viene espresso il messaggio, cioè dell'aspetto analogico, che include il non verbale (gesti, posizioni del corpo, espressioni del viso, reazioni fisiologiche) e il paraverbale (voce, tonalità, ritmo, eloquio) e che rappresenta una parte importante dell'interazione. Questi aspetti della relazione, il grado di congruenza tra l'aspetto digitale e quello analogico danno informazioni sullo stato interno del cliente. La «posizione allo specchio» del coach viene anche mantenuta attraverso un lavoro di sincronizzazione, riconosciuto in particolare dalla Pnl, verbale e non verbale, che permette l'intesa tra gli attori.

Il silenzio, come atto di comunicazione, è altrettanto importante. Il coach, spesso, corre il rischio di parlare troppo piuttosto che di non dire abbastanza. A questo titolo, la tolleranza al silenzio del coach è spesso un criterio di sicurezza ontologica. Il silenzio, quando è pertinente, crea lo spazio necessario affinché il cliente, da solo di fronte ai propri pensieri, possa avanzare nel suo percorso di sviluppo; egli sperimenta una frustrazione nata dall'assenza che è tuttavia portatrice di significati per lui e favorisce un confronto riflessivo con i suoi desideri, le sue ambizioni e contraddizioni. Il coach deve alimentare questo spazio di riflessione attraverso un percorso dialettico basato su chiarimenti, riformulazioni, echi, rilanci, interpretazioni, provocazioni, ecc.

L'ascolto del coach è infine modulabile. Infatti può risultare: *direttivo*, poiché comporta delle domande e degli interventi da parte del coach, quando si tratta di approfondire degli aspetti precisi del contenuto della problematica del cliente; *empatico*, quando incoraggia la produzione di informazioni su un registro più emozionale e personale; *fluttuante*, in senso psicoanalitico, quando tenta di evitare un'eccessiva selezione delle informazioni, necessariamente distorte in funzione di una «griglia di lettura» personale e valorizza un sentimento globale, parzialmente inconscio, derivante dalla narrazione del cliente, il cui significato pieno potrà emergere progressivamente.

2. *Maieutica e influenza*

Si ricorda che la maieutica, letteralmente «arte di partorire», designa il processo conoscitivo utilizzato da Socrate (e riferito da Platone nel *Teeteto*) per consentire ai suoi interlocutori di ricercare le verità che essi possiedono in loro stessi e che devono scoprire grazie ad un lavoro di analisi e di riflessione.

Socrate afferma che i suoi discepoli «non hanno mai appreso nulla da me e che hanno trovato loro stessi in loro e hanno partorito molte belle cose. Ma se essi hanno partorito è grazie a Dio e a me». Il coach dimostra una capacità maieutica, è una sorta di «ostetrica» di soluzioni che sono, però, generate dal cliente, sempre al centro del processo. La maieutica è articolata attraverso una dialettica fondata su chiarimenti, riformulazioni, confronti, silenzi, feedback, permessi, che incoraggiano a pensare secondo altre modalità e ad immaginare delle nuove prospettive. Il punto di oscillazione e ribaltamento della maieutica socratica è una crisi che attraversa l'interlocutore, quando è messo a confronto con un ragionamento che si scontra con una contraddizione interna: attraverso la presa di coscienza del non senso nel quale si trova la persona ha la possibilità di attivare il cambiamento. In modo simile, il coach conduce il cliente, scosso da questa presa di coscienza di certi schemi riduttivi o dalla stimolazione della costruzione dialettica, verso altri modi di rappresentazione del mondo, più capaci di mobilizzarlo. Il coach organizza uno spazio di sperimentazione dove si può sviluppare un processo di crescita per «prova ed errore», per imitazione e *modelling*. Il coach, che deve così essere un esperto di processo, può mettere il cliente, detentore del contenuto, nella posizione di fare emergere delle scelte in grado di accrescere le sue risorse. Il coach tenta di essere un catalizzatore, nel senso di una sostanza che rende possibile o accelera una reazione chimica senza però modificarla.

Tale percorso maieutico non è completamente libero. Esso è di fatto influenzato da un'intenzione strategica e dalla teoria posseduta dal coach sul cambiamento. Questa teoria, più o meno implicita, agisce come un *frame* che definisce i suoi interventi, una sorta di filtro che esplicitamente o implicitamente seleziona e convalida o meno certe informazioni provenienti dal cliente e dall'interazione.

Ad esempio, il coach che valorizza un approccio sistemico sarà particolarmente attento alle spiegazioni di natura relazionale e circolare e attirerà su queste l'attenzione del cliente. Il coach cognitivista invece sarà particolarmente sensibile al trattamento dell'informazione e agli eventuali *biases* cognitivi del cliente. Il coach umanista si interesserà maggiormente a ciò che vive il cliente, in termini esistenziali e fenomenologici, ecc. La maieutica è dunque sempre «orientata» subendo necessariamente l'influenza del sistema di pensiero del coach che aiuta a strutturare l'interazione.

3. *Capacità diagnostica*

Abbiamo visto che una competenza essenziale del coach è la sua capacità di capire gli obiettivi e i bisogni che emergono dalla narrazione della problematica del cliente. Questa capacità diagnostica si esercita a due livelli: quello della situazione e quello della persona del cliente. Il coach deve potersi rappresentare i principali elementi della situazione data e le opportunità e le minacce potenziali che essi nascondono per il cliente. Per di più il coach deve comprendere il modo di funzionamento e di rappresentazione della realtà del cliente al fine di intervenire nel «suo» mondo, proponendo, all'occorrenza, maniere alternative di posizionarsi. Questa doppia comprensione permette al coach di offrire al cliente «protezioni» (messe in guardia sui rischi di una situazione) e «permessi» (incoraggiamenti verso una strategia d'azione), per riprendere i termini dell'analisi transazionale. I suoi interventi contribuiscono a delineare una dinamica di fiducia (nella prospettiva dell'*empowerment*) e di cambiamento nel cliente.

Il modo di essere del cliente può essere chiarito attraverso un'analisi della sua «personalità», ovvero un insieme di caratteri psicologici relativamente stabili che rimandano ad una determinata visione del mondo. Questa diagnosi, se utilizzata male, può essere un esercizio pericoloso. Essa ha soprattutto l'obiettivo di rassicurare il coach, che però può usare un'etichetta arbitraria, statica e sempre prematura rispetto ad una realtà umana assai fluida. Essa rischia di fissare l'interazione all'interno di una previsione autovalidante dove vengono presi in considerazione solo i comportamenti conformi alla teoria e alla fine invalida il coaching stesso.

Al contrario, la considerazione della personalità utilizzata in maniera più prudente permette di reperire dei modi di funzionamento psichico, cognitivo, emozionale e relazionale di una persona, di fornire dei riferimenti e di far intravedere al coach le prime possibilità di azione. Alcuni strumenti offrono degli stimoli e dei chiarimenti sul funzionamento psicologico di una persona (si vedano, ad esempio, le griglie derivate dalla psicoanalisi: la *Process Communication* di Taibi Kahler e il *Myers Briggs Type Indicator*, Mbti). In questo senso, può essere utile ricordare, a solo titolo di esempio, i dieci tipi di personalità del Dsm-IV, manuale di diagnosi dell'American Psychiatry Association, ampiamente utilizzato in ambito clinico. Questa tipologia distingue i tipi: paranoico, schizoide, schizotipico, antisociale, *borderline*, isterico, narcisista, deviante, dipendente e ossessivo-compulsivo. Ad esempio, la personalità narcisistica («io prima di tutto») è caratterizzata, in particolare, da un'inflazione del Sé e da una sensibilità esagerata al giudizio degli altri; e ha per corollario comportamenti di rivalità, una competizione permanente, infrazioni frequenti alle regole sociali e tendenze manipolatrici. La strategia del coach sarà inevitabilmente condizionata dalla personalità del soggetto che contribuisce a generare un certo tipo di problematica e una specifica focalizzazione sulle sue caratteristiche.

4. *Contenuto e processo*

Abbiamo ricordato l'importanza per il coach di una doppia lettura della problematica in termini di contenuto (i fatti collegati) e di processo (la maniera in cui questi fatti vengono restituiti). Gli aspetti del contenuto consentono al coach di immergersi nella realtà e nel quadro di riferimento del cliente, di misurare le sfide professionali e ciò che viene messo in gioco nella situazione nella quale egli evolve, a partire da dati oggettivi e quantificabili. Il processo si riferisce ai meccanismi sottostanti che permettono e spiegano la disposizione dei fatti in un particolare ordine. Gli aspetti del processo, che includono i fattori trasferenziali, permettono al coach di percepire il modo di funzionamento e la visione del mondo del cliente: quali aspetti della sua narrazione vengono privilegiati? Quali sono le credenze che emergono? Qual è la sua relazione con il coach?, ecc. Citiamo un esempio: un dirigente si lamenta della mancanza di autonomia e di creatività dei suoi collaboratori e della propria difficoltà a delegare. Egli fa degli esempi per mettere in luce la povertà delle iniziative prese dai suoi direttori e come egli sia sempre all'origine delle decisioni prese.

Il processo di coaching mette in evidenza una relazione attraverso cui il dirigente in effetti adotta una posizione autoritaria e invalida frequentemente le proposte del coach. Si esplicita dunque una relazione di potere che instaura un lavoro di co-costruzione sbagliato e conferma l'idea del cliente che lui solo detiene la verità. Un lavoro differente può innescarsi quando il coach decide di interpellare il cliente, non tanto sul contenuto ma piuttosto sul fenomeno relazionale ripetitivo che si sta instaurando nella loro interazione e che sembra riprodurre la relazione con i collaboratori.

L'azione di coaching integra naturalmente questi due livelli. Di fronte alla richiesta del cliente, si tratta di progredire verso un obiettivo e un risultato che sono dell'ambito del contenuto attuando però certi mezzi che appartengono al processo, come la co-costruzione di una valida relazione con il coach.

5. *Posizione «meta» e metacomunicazione*

La posizione «meta» (dal greco, letteralmente «al di là», di un livello superiore) è una significativa caratteristica del modo di procedere del coach.

Essa rappresenta la capacità di distaccarsi, consentendo una visione globale della situazione e di ciò che si sviluppa al suo interno. Il coach si trova al crocevia di due sistemi: *a*) quello rappresentato dal cliente, del quale egli deve comprendere la logica e il quadro complessivo di riferimento, e con il quale condivide una relazione nel «qui ed ora» con le sue costrizioni e le sue esigenze; *b*) quello centrato sulla problematica esposta, che richiede una visione multidimensionale di ciò che si mette gioco, una capacità di assumere più ruoli contemporaneamente per poter aiutare, il più oggettivamente possibile, il cliente, lasciandolo esercitare la propria responsabilità di decisione. Il rischio per il coach è di essere catturato nel sistema cliente/coach e di perdere, così, una posizione di neutralità che gli permette di proporre dei punti di vista ai quali il cliente, inghiottito dalla situazione, non può proprio accedere. Il coach deve, al contrario, adottare una prospettiva più ampia che prenda in considerazione le posizioni del cliente ma anche quelle di tutte le altre parti, costitutive dell'ambiente della persona e della sua situazione. Questa posizione meta permette di superare il livello fattuale del contenuto per evolvere al livello più globale dei processi. Collocandosi ad un livello logico e ad un grado di astrazione superiore, la posizione meta consente di reinquadrare, sbloccare e dare un altro significato a situazioni apparentemente prive di soluzioni soddisfacenti.

La *metacomunicazione* è un attributo decisivo della posizione del coach. Metacomunicare significa comunicare sul contenuto della comunicazione. Si tratta di cambiare livello di comunicazione per commentare e chiarire ciò che è stato detto o provato in maniera verbale o non verbale dagli interlocutori. La metacomunicazione è uno strumento prezioso per chiarire, regolare ed approfondire una relazione. Abbiamo precedentemente ricordato come la mancanza di congruenza tra l'indice (il contenuto) e l'ordine (il modo di comunicare) di un messaggio possa essere problematico, ma da evidenziare proprio per la sua fecondità sul piano della riflessione. Il coach potrà così confrontarsi con il cliente nel modo seguente: «Ho sottolineato che, ogni volta che lei ricorda questo problema, che sembra essere molto pesante e penoso per lei, lo fa sempre con un tono leggero e un sorriso... Mi può dire il perché?».

La metacomunicazione permette così di interrompere un processo comunicativo che gira su se stesso e che risulta improduttivo e minaccia di volgere all'*escalation* verbale. Si tratta invece di «uscire dal cerchio», cambiando di livello logico per sbloccare la situazione. Questo «arresto dell'immagine» permette agli interlocutori di parlare in maniera riflessiva di ciò che è stato detto o fatto nel cambio. Il coach potrà, così, dire al cliente: «Ogni volta che noi arriviamo sul terreno emozionale, lei diventa distante o aggressivo, lei cambia argomento...». La metacomunicazione permette, così, a partire dal contenuto di ciò che è scambiato, di fare delle osservazioni sui processi sottostanti che possono spiegare la problematica emergente.

6. *Lutto e cambiamento*

L'evoluzione e il cambiamento sono al centro dell'intervento di coaching. La nozione di cambiamento non si riferisce necessariamente a un momento di rottura decisivo, ben identificabile nel tempo, che definisce un prima e un dopo, ma può essere un processo più lungo, meno percepibile e fatto di aggiustamenti successivi. Abbiamo richiamato in precedenza la distinzione, che propongono i teorici sistemici, tra cambiamenti di tipo 1, rappresentati dagli aggiustamenti all'interno di un sistema, e cambiamenti di tipo 2, più ristrutturanti e dunque anche più costosi, in termini di energia psichica, per il soggetto. La prospettiva di cambiamento si scontra con resistenze di differente ampiezza connesse con la natura e l'intensità degli aggiustamenti richiesti, le difficoltà provate per evolvere, le sfide per la persona e il suo sistema. Il cambiamento, soprattutto quando è imposto dall'esterno, genera, in maniera più o meno rilevante, delle rotture, delle perdite di punti di riferimento, stress e frustrazioni legate all'incertezza della nuova situazione.

Tale cambiamento richiede alla persona di fare mutare ed evolvere la sua rappresentazione del mondo; esige, talvolta, di abbandonare delle strategie che in altri tempi si sono rivelate efficaci e che ora appaiono inadatte. È necessario uno sforzo di adattamento cognitivo ed emotivo; si richiedono cambiamenti nella relazione con gli altri, creando o rinforzando dei legami di dipendenza, o, al contrario, emerge una necessità per la persona di rendersi autonoma nel suo nuovo ambiente. Il cambiamento si scontra anche con delle resistenze di insieme del sistema, legato alla sua omeostasi o a fattori di autoregolazione che difendono uno *status quo*. Ora, per potere evolvere verso un'altra condizione, bisogna necessariamente abbandonare certi legami con la situazione precedente.

L'intervento di coaching spesso mette in risalto queste situazioni in cui il cliente fa esperienza delle esigenze di rottura dagli attaccamenti o dagli investimenti professionali passati e dei quali fatica a liberarsi al fine di volgersi, più liberamente, verso nuovi progetti: cambiamento o evoluzione del posto di lavoro, ristrutturazione interna, cambiamento del superiore gerarchico, della modalità di *reporting*, cambiamento di strategia, o degli azionisti, perdita del lavoro, ecc. Queste difficoltà a lasciare la presa, tradotta nell'espressione familiare «non ha elaborato il lutto», rimandano all'importanza di un lavoro psichico di «metabolizzazione» dell'esperienza da parte del soggetto. Il campo terapeutico ha insegnato che il lutto (dal latino *dolere*, «soffrire») è un processo psichico che permette di adattarsi alle perdite e alle rotture che avvengono nella vita.

Questo processo si accompagna ad una sofferenza provocata dalla perdita degli attaccamenti passati; si associa ad un corteo di sentimenti e di emozioni (collera, senso di colpa, ripiegamento su se stessi, desiderio di vendetta, tristezza, ecc.) che è fondamentale riconoscere per aprire la via e facilitare il cambiamento. Il lavoro di lutto permette così di liberarsi e abbandonare gli investimenti passati per reinvestire le proprie energie su nuovi progetti. Il campo terapeutico si è focalizzato su questo processo, da cui sembrano emergere fasi successive, relativamente omogenee e caratteristiche di progressione. Kubler-Ross [1975] descrive le differenti fasi che attraversa un malato che sa di essere colpito da un cancro prima di accettare la malattia.

L'autrice distingue delle fasi successive di rifiuto o diniego, di collera, di negoziazione, di depressione e infine di accettazione. Questa analisi, seppure considerata con prudenza e in modo analogico, può fornire un quadro di riferimento più generale per interpretare situazioni di cambiamento. È importante che il coach sappia riconoscere ciò che è affine alle differenti fasi di lutto del cliente al fine di poterlo accompagnare in questi momenti di transizione e predisporre il lavoro per l'avvenire. Le caratteristiche di tali fasi sono brevemente riassunte di seguito.

- il *diniego*: esso serve per ammortizzare lo choc ansioso o depressivo mettendo in atto delle strategie di silenzio, di fuga, di minimizzazione della perdita, addirittura di sovrainvestimento nel lavoro;
- la *collera*: essa esprime il sentimento di ingiustizia provato e può dare luogo a delle proiezioni aggressive sull'ambiente professionale, sociale, familiare e naturalmente sul coach;
- la *negoziazione*: essa si esprime sotto forma di scenario sul mondo del «e se ...» o «se solo ...» e costituisce un altro tentativo di combattere il dolore della perdita; il cliente passa in rassegna ciò che si sarebbe potuto fare esprimendolo nella forma del rimpianto e della colpevolezza;
- la *depressione*: questa fase è contrassegnata da un ripiegamento sul Sé, un disinvestimento rispetto all'ambiente con la piena consapevolezza della perdita. Essa si accompagna a sentimenti di devalorizzazione, rallentamento e pessimismo;
- l'*accettazione*: essa simbolizza la progressiva presa d'atto della nuova realtà e la decisione di fronteggiare la nuova situazione con il perdono di sé e dell'altro, la riduzione del senso di colpa e della paura. Si tratta di una fase di reinvestimento sull'ambiente e di scoperta di nuove possibilità rintracciabili nella nuova situazione.

Il cliente arriva a rendersi conto che l'espressione del suo potenziale viene frenato da lutti non elaborati o incompleti che gli impediscono di investire energie senza paura, ambivalenza o rimpianto in un nuovo progetto o in un nuovo ambiente. Il cambiamento impone, tuttavia, un «lasciare la presa», una liberazione dagli attaccamenti passati per potere affrontare le incertezze e le opportunità di una nuova situazione. Il ruolo del coach è di creare lo spazio per accompagnare il cliente, rispettando il ritmo particolare di questo processo di rielaborazione. Egli dovrà dimostrare empatia, sostegno, ma anche padronanza, incoraggiando il cliente a riconoscere ed esprimere le sue emozioni, a fare un esame più sfumato della situazione e a mobilitare le sue risorse per avanzare. Il coach conosce altri lutti che anche lui deve elaborare, più velocemente: in particolare la volontà di cambiare il cliente a tutti i costi, al lutto della sua onnipotenza, dell'eccellenza delle sue teorie, della sua posizione di esperto, della sua capacità di riparazione delle ferite e delle difficoltà del cliente.

CAPITOLO SESTO

MERCATO E CORNICE OPERATIVA DEL COACHING

1. *Un mercato giovane in piena espansione*

Il coaching professionale è un fenomeno recente in Francia come in altri paesi europei (salvo i paesi anglofoni, dove la diffusione del coaching proveniente dagli Stati Uniti risale agli anni '80). Ereditato dal contesto sportivo, esso si sviluppa progressivamente negli anni '90 in ambito organizzativo sotto l'impulso di precursori come Lenhardt [2002], che crea il primo percorso di formazione al coaching alla fine degli anni '80. Il suo sviluppo, in modo significativo, avviene negli ultimi dieci anni (con una accelerazione negli ultimi cinque), ne sono un esempio, in particolare, la creazione di istanze di istituzionalizzazione della professione come la Société Française de Coaching, Sfcoach, nel 1996 e la sezione francese dell'International Coaching Federation, Icf» nel 2001, così come la moltiplicazione recente delle scuole di formazione.

Un andamento analogo, seppur spostato in avanti di qualche anno, si ritrova anche in Italia dove la riflessione sul coaching è presente in vari ambiti formativi e di gestione delle risorse umane già verso la fine degli anni '80 [Tanucci e Cortini 2005], ma le applicazioni sul campo risultano sporadiche almeno sino alla fine degli anni '90, con una tendenziale crescita negli ultimi cinque o sei anni.

Dunque, il coaching nei vari paesi europei presenta molte delle caratteristiche di un mercato giovane in fase di organizzazione e strutturazione: crescita rapida dell'offerta e della domanda, debolezza (almeno in apparenza) delle barriere professionali di ingresso, grande eterogeneità delle pratiche e degli attori, sforzo di standardizzazione e di controllo delle pratiche. Il prevedibile aumento sostenuto dell'offerta sembrerebbe assicurato, in particolare, dalle centinaia di persone che seguono ogni anno una formazione specifica sul coaching (almeno in Francia); dalle riconversioni professionali e dagli ingressi nel mercato degli attori presenti negli ambiti affini (consulenza in risorse umane, psicoterapeuti, operatori del reclutamento/selezione, formazione); dall'attrattività del settore e dal quadro ancora assai informale della professione. Del resto, la domanda di questo servizio alla persona risulta in crescita a causa dei fenomeni di cambiamento richiamati nel primo capitolo, della diffusione del coaching in direzione degli strati intermedi dell'organizzazione e dei campi di applicazione più ampi, di una migliore notorietà del servizio grazie ai media e della moltiplicazione dei professionisti, ecc.

L'entusiasmo per le dinamiche di espansione di questo mercato che gli operatori talvolta fanno trapelare, ad esempio attraverso i siti web delle varie associazioni, andrebbe tuttavia confrontato con dati empirici. Ci si può avvalere al riguardo di qualche studio effettuato di recente in Francia. Le qualità intrinseche dei censimenti fatti per avere una quantificazione dell'attività di coaching sembrano incitare ad una maggiore prudenza nella stima della dimensione del mercato. La Sfcoach, elaborando i dati sui propri associati, ha stimato che il mercato del coaching professionale (aziende e privati su richieste professionali) rappresenta un volume d'affari dell'ordine di 120 milioni di euro nel 2003. La regione dell'Île-de-France concentrerebbe più del 60% del fatturato del coaching, seguita dalla Rhône-Alpes e dalla Provence-Alpes-Côte d'Azur. Emerge inoltre che, per ragioni di costo e di tempo connesse a tale servizio, sono quasi esclusivamente le più grosse società (con 1.000 dipendenti e più) che forniscono la maggior parte dei contratti di coaching e dove i tassi di utilizzazione risultano i più ampi e diffusi. Le aziende con meno di 500 dipendenti conterebbero per circa il 20% delle missioni di coaching.

2. *Tipologia dei professionisti del coaching*

La Sfcoach conta, nel 2003, circa 3.000 professionisti vari che dichiarano di svolgere una qualche attività di coaching in Francia. Solo una minoranza (tra il 10 e il 20%) esercita in realtà questo mestiere in modo regolare (raramente esclusivo) e ne trae una parte sostanziale del proprio reddito, mentre la maggior parte la esercita in maniera assai più circoscritta. Dunque, la gran parte dei professionisti svolge il proprio lavoro di coaching ad integrazione di altre attività più o meno collegate come la formazione, la consulenza (in risorse umane, organizzativa, strategica, ecc.), la selezione o la stessa psicoterapia.

I coach provengono da un universo professionale assai variegato: anziani manager o dirigenti, ingegneri, consulenti in risorse umane, in comunicazione, psicoterapeuti, ecc. Un'indagine della Sfcoach del 2001 suggerisce che il 53% dei coach provengono da scuole di commercio o d'ingegneria e che il 45% sono laureati dell'ambito delle risorse umane (soprattutto scienze sociali e psicologia). Generalmente i coach hanno seguito una formazione specifica al coaching o alla relazione d'aiuto di cui il contenuto, la durata e talvolta la pertinenza sono di qualità variabile. Comunque, spesso i coach dichiarano di avere fatto un lavoro personale di tipo psicoterapeutico in funzione della loro attività. In termini di organizzazione e secondo la Sfcoach, per il 75% i coach esercitano come liberi professionisti o in seno a società anonime a responsabilità limitata; per il 10% sono dipendenti di uno studio di consulenza in risorse umane, mentre per il 15% sono dipendenti di un'azienda come coach interni.

3. *Principali richieste e attese*

Il campo di applicazione del coaching si sta ampliando con lo sviluppo, a livello dei quadri intermedi delle aziende, di un servizio inizialmente riservato ai dirigenti. Nello stesso tempo le indicazioni di coaching si estendono, sia per le società che per i privati, a un'ampia gamma di richieste professionali: interventi su una specifica problematica (ad esempio, inserimento in un posto di lavoro, gestione di un conflitto, o di una presa di decisione complessa); interventi di coaching più globale, di sviluppo (come il miglioramento della leadership, il lavoro sulle competenze relazionali, la gestione dello stress, il miglioramento dell'autoefficacia), interventi su una problematica personale, addirittura «paraterapeutica» (ad esempio, l'aumento della fiducia in se stessi, la richiesta di ascolto e di sostegno, una migliore conoscenza di sé, la gestione del proprio tempo, l'equilibrio tra vita lavorativa ed extralavorativa, la ricerca di significato nell'esperienza attuale), relazionale (vivere meglio le relazioni con i propri colleghi, gestire i conflitti), di squadra (diagnosi di funzionamento, sostegno alla coesione di gruppo, guida al cambiamento, ecc.).

Queste richieste di coaching non sono mutuamente esclusive; esse si combinano o evolvono man mano che il cliente prende coscienza dei suoi reali obiettivi e fa emergere le richieste latenti. Ad esempio, la federazione Syntec, che raggruppa delle società dell'ingegneria, dei servizi informatici, di consulenza e della formazione, ha pubblicato, nel giugno 2004, uno studio sul coaching a partire dalle risposte di 265 dei suoi membri, per la maggior parte operanti nelle funzioni delle risorse umane. Le situazioni citate come le più pertinenti per un intervento di coaching sono:

- miglioramento della leadership, dello stile di management, ampliamento delle responsabilità;
- miglioramento del suo funzionamento con il proprio team;
- accompagnamento per affrontare problemi e sfide impegnative;
- inserimento nel posto di lavoro.

Con il ricorso sempre più frequente al coaching nella loro politica delle risorse umane, le aziende hanno progressivamente definito anche le procedure di selezione dei coach e sono divenute sempre più esigenti in merito alle competenze che essi dovrebbero possedere. Tali competenze integrano l'*expertise* nella relazione interpersonale con la conoscenza del mondo delle imprese e si fondano sia sulle qualità della persona sia su un'esperienza professionale pertinente. Lo studio Syntec, richiamato in precedenza, sottolinea l'importanza per un coach delle seguenti capacità:

- l'ascolto e le competenze psicologiche (empatia, qualità del contatto, benevolenza);

- la comprensione dell'organizzazione (con distacco, adattabilità, capacità diagnostica e di analisi);
- la capacità di intervento sul cliente (valore della riflessione, della comunicazione, capacità di consulenza, psicoeducativa e di persuasione);
- le «carte vincenti» professionali e personali (deontologia, carisma, pragmatismo, armonia personale, creatività, impegno, motivazione, ecc.).

L'istituzionalizzazione graduale del coaching porta anche ad una migliore informazione e a una maggiore trasparenza nelle pratiche del settore, aumenta il livello di esigenza dei committenti e degli utilizzatori, spinge gli attori a perfezionare le loro competenze. Tutto ciò ha come conseguenza l'elevazione progressiva delle barriere selettive all'ingresso del mercato di queste nuove figure professionali.

4. *Modalità degli interventi*

In funzione del tipo di coaching e della problematica affrontata, l'intervento sarà contrattualmente articolato nel tempo. Il protocollo di una *mission* di coaching individuale si sviluppa tipicamente in sei-dieci sedute, da una a tre ore, su un periodo variabile da tre a nove mesi. Le sedute sono classicamente fissate a distanza l'una dall'altra da due a quattro settimane (talvolta anche meno, soprattutto all'inizio, al fine di creare un'effettiva «dinamica di accompagnamento») per consentire lo sviluppo del processo al di fuori della seduta e per accompagnare il cliente nel tempo.

Il coaching di gruppo si può impostare su una o due giornate intensive, precedute, all'occorrenza, da un lavoro preparatorio con i membri del gruppo; possono avere una durata più lunga, quando ci si propone di seguire il funzionamento del gruppo. Le tariffe praticate variano enormemente in funzione di una serie di parametri: livello gerarchico del cliente o del gruppo, tipo di coaching, notorietà ed esperienza del coach, situazione geografica, contesto relazionale, struttura della *mission*, altre prestazioni annesse, ecc. In media, il *range* di prezzo in azienda varia tra i 250 e i 400 euro l'ora di coaching, ma il superamento di tali limiti risulta frequente per i coach affermati. Inversamente, la pressione concorrenziale (in particolare tra i coach debuttanti o nelle situazioni di bandi di offerta pubblici) crea delle situazioni dove le tariffe proposte possono essere anche inferiori ai minimi sopra indicati. In totale il *budget* medio di un intervento di coaching individuale si potrebbe situare tra i 5.000 e i 10.000 euro per una dozzina di sedute. Inoltre, il coaching professionale di privati, ancora marginale in rapporto al mercato globale, presenta dei prezzi medi assai minori (da 80 a 150 euro). Infine, il coaching di gruppo, che è in rapida ascesa e che talvolta viene fatto in parallelo agli accompagnamenti individuali, ha delle tariffe medie che si aggirano intorno ai 1.500 a 2.000 euro alla giornata, con degli scarti consistenti dalla media in funzione della situazione e del profilo del coach.

5. *Cornice operativa del coaching*

La psicoanalisi ha da tempo mostrato l'importanza del *frame*, della cornice entro la quale si svolge la relazione, che è costituita da un dispositivo spaziale, da regole, rituali ed altre prescrizioni esplicite o implicite. Il dispositivo e le regole strutturano e condizionano l'interazione creando uno spazio particolare dove ciò che si scambia assume, per costruzione o anticipazione, un sovrappiù di significato. Allo stesso tempo, le parole scambiate nel luogo del coaching e al di fuori non hanno lo stesso valore, in quanto esse vengono differentemente investite di significati dagli attori. Il luogo di coaching è classicamente il luogo professionale del cliente o il luogo di esercizio del coach (ma esso può anche essere la sala delle conferenze di un hotel o di un aeroporto o, all'occorrenza, l'auto del cliente, un campo da golf, ecc.). La scelta del luogo professionale del cliente offre il vantaggio di permettere al coach di vedere il cliente nel suo «territorio», di impregnarsi del suo ambiente, di raccogliere informazioni nel momento delle sue visite, sul suo modo di lavorare (disposizione dell'ufficio, abitudini, modalità relazionali con la segretaria, con i colleghi, ecc.). Ciò può anche essere la soluzione più efficace e conveniente per un dirigente che ha i tempi contati. Tuttavia, l'uso del luogo di lavoro del cliente non consente di creare quel cambiamento d'ambiente che può facilitare una modalità di riflessione e di espressione più libera e un maggiore distacco da parte del cliente (soprattutto se l'ambiente viene da lui vissuto con difficoltà).

Quale sia il luogo, è importante che esso non si inserisca all'interno della relazione come elemento di gioco di potere. Ciò potrebbe verificarsi per un cliente che interrompe frequentemente la seduta per telefonate, visite e altri diversivi improvvisi rovinando l'intervento, o per lo stesso coach quando richiede al cliente di spostarsi e venire nel proprio studio solo per convenienza o per piacere. Comunque, il luogo di esercizio del coach deve essere accogliente, calmo, disposto in modo professionale e neutro, e permettere un faccia a faccia confortevole tra coach e cliente. La struttura del luogo deve garantire una confidenza degli scambi assicurando che i clienti non si possano incontrare (sala d'attesa, locali a più accessi, ecc.).

La cornice operativa è completata da un accordo su un insieme di elementi come la periodicità delle sedute, la modalità di lavoro di coaching e, all'occorrenza, il lavoro al di fuori della seduta, la relazione tra coach e cliente.

Un certo numero di queste clausole figura nel contratto giuridico dell'intervento, che deve essere più o meno dettagliato in funzione del tipo di *mission*. Esso, comunque, menziona almeno il contesto dell'intervento, gli obiettivi del coaching, il ruolo del coach, il quadro di lavoro, la tariffazione della *mission*, gli impegni deontologici, come anche le clausole di carattere giuridico (in caso di interruzione e contestazione). La cornice è infine costituita da un insieme di regole che definiscono e guidano l'intervento: libertà di espressione e di sperimentazione, co-costruzione che presuppone un ruolo attivo e responsabile degli attori, rispetto reciproco di una deontologia che include, in particolare per il coach, l'essere in ogni momento al servizio della crescita del cliente, e il mantenere la riservatezza e la confidenzialità del materiale scambiato.

CAPITOLO SETTIMO

FORMAZIONE E ORGANIZZAZIONI PROFESSIONALI

1. *Formazione*

La progressiva espansione del coaching si sta accompagnando ad un'ampia gamma di proposte di formazione al mestiere di coach. Nei differenti paesi europei, fra i quali anche l'Italia, negli ultimi anni si sono moltiplicate le iniziative formative di coaching per far fronte alla crescita della domanda. In Francia queste nuove istituzioni di natura privata si sono aggiunte ai numerosi corsi di approfondimento della pratica del coaching già esistenti. Inoltre, si è sviluppata un'offerta consistente di seminari di perfezionamento su strumenti o temi specifici. Da notare poi l'ampia diffusione delle strutture di insegnamento nelle aree di sviluppo economico anche della provincia. Tali sedi decentrate fanno riferimento agli approcci pedagogici di coach formatori o si collegano ai modelli teorici e operativi di importanti «case madri».

In generale, si può affermare che tali strutture di formazione prendono spesso la forma di scuole private, fondate da uno o più coach affermati e il cui insegnamento porta il segno teorico e operativo di fondatori e insegnanti. Alcune scuole si collocano più sul versante organizzativo, mentre altre privilegiano gli aspetti più psicologici del coaching. Le influenze teoriche sottostanti l'ambito della relazione di aiuto includono i diversi approcci di cui si è detto nei capitoli precedenti, come la psicoanalisi, l'approccio sistemico, l'analisi transazionale, la Pnl, la Gestalt, ecc. Più recentemente, in Francia, alle scuole private si sono aggiunti degli organismi pubblici o parastatali di insegnamento che inseriscono nel loro programma di corsi un apprendimento specifico sul coaching. Una nuova tappa per l'istituzionalizzazione del coaching è stata varcata nel 2004 con la creazione del Desu (*Diplôme d'Etudes Supérieures Universitaires*) in coaching proposto dall'Università di Parigi 8 della durata di un anno.

In Italia prevale la presenza di iniziative private, promosse spesso da strutture professionali che operano nel settore della consulenza organizzativa, della formazione e della gestione delle risorse umane. Tuttavia, vale la pena ricordare che nel 2006 è stato istituito per la prima volta un master dall'Università di Siena (quindi con titolo legalmente riconosciuto) per «Esperto in coaching e programmazione neurolinguistica», rivolto soprattutto a psicologi, formatori, manager e insegnanti. Tale iniziativa sembra segnalare un ulteriore passo verso la formalizzazione della professione di coach anche nel contesto italiano.

Nel 2004, si contavano in Francia più di una ventina di scuole di coaching di una certa importanza e più o meno riconosciute. La loro struttura varia fortemente da un modello all'altro; pertanto la scelta di quale formazione fare dovrebbe basarsi anche su un mini-studio di mercato considerando un certo numero di parametri: notorietà della scuola, credibilità dei formatori, costi, referenti teorici adottati, stile pedagogico, modalità di formazione, importanza della rete di coach *senior*, committenti, ecc. Gli allievi sono in media da 15 a 40 con variazioni rilevanti tra le scuole (qualche studente per anno in certe scuole, più di un centinaio in altre). I criteri di ammissione variano per ciascun insegnamento. Le sedi formative più esigenti richiedono un'esperienza e una maturità professionale importanti, una sensibilizzazione o una pratica nella relazione di aiuto e un lavoro di formazione personale preliminare o un impegno esplicito a intraprenderlo.

La selezione delle candidature si fa spesso sulla base di *curriculum vitae* e colloquio. I risvolti finanziari, tanto per gli organizzatori (ciò ha necessariamente un impatto sul processo di selezione e di insegnamento) che per gli allievi, sono importanti: una formazione in coaching costa tra i 3.000 e gli 8.000 euro per anno con rilevanti disparità nelle tariffe e nella durata dell'insegnamento. Essa viene finanziata dagli stessi individui o dalle aziende sul *budget* di formazione o di riqualificazione. I corsi si articolano, spesso, tra le quindici e le venti giornate sull'arco di un anno, con sessioni di due o tre giorni consecutivi al mese con una pausa estiva. Gli insegnamenti integrano contributi teorici, esercitazioni, giochi di ruolo, simulazioni di coaching, pratiche di gruppo in sessione e lavoro tra le sessioni svolto in gruppi di pari o individualmente. Le sedute di supervisione collettiva, faccia a faccia o per telefono, sono anche proposte per gli «allievi coach» che hanno, peraltro, già un'attività di coaching. In linea generale, si assiste ad un uso crescente della formazione a distanza, in particolare in alcune scuole.

Il profilo del coach in formazione è variabile; tuttavia, emerge una tipologia che include: *a*) una fetta consistente di persone che provengono dall'ambito delle risorse umane (come consulenti, formatori, selettori), dalle riconversioni professionali volute o forzate dai cambiamenti nelle condizioni di lavoro o dalla perdita del lavoro; *b*) persone in attività che mirano ad acquisire un approccio alla professione di coach per un ruolo organizzativo interno ampliato (formazione, risorse umane, *coach manager*, ecc.); *c*) persone che già esercitano responsabilità di «animatore-tutor» o di «leader» (come nel mondo dello sport, dello spettacolo, ecc.). Sulla base della dinamica del mercato, ci pare che una parte minoritaria di partecipanti alla formazione possa collocarsi sul mercato come coach indipendenti, esercitando a titolo principale la loro attività di coaching. Il caso più frequente dovrebbe essere, però, quello di persone che utilizzano il coaching come una competenza e uno strumento in più per promuovere la propria carriera. Pare plausibile sostenere che l'offerta dell'insegnamento di coaching aumenterà negli anni futuri, sostenuta dallo sviluppo della domanda di interventi in questo ambito professionale.

2. *Associazioni professionali*

Lo sviluppo del coaching, come è avvenuto per altre nuove professioni, si accompagna alla creazione di organizzazioni o associazioni destinate a professionalizzare e a promuovere la pratica del coaching. Gli obiettivi di queste organizzazioni professionali sono la definizione e l'impegno per una deontologia professionale, lo sviluppo di una riflessione comune per una razionalizzazione del mercato e un miglioramento delle prassi, per un'adeguata rappresentazione e promozione di questa nuova professione in relazione ai committenti e ai potenziali clienti e la costruzione di reti di incontro e di scambio degli esperti. In Francia esistono due associazioni professionali principali che raggruppano persone che esercitano il coaching come attività principale o parziale: la Société Française de Coaching (Sfcoach) e la sezione francese dell'International Coaching Federation (Icf). Si deve poi menzionare il settore «Consulenza in sviluppo professionale» del Syntec, una federazione che raggruppa, attraverso i sindacati, più di 1.000 società francesi specializzate nelle professioni dell'ingegneria, dei servizi informatici, della consulenza, della formazione professionale e un certo numero di studi e società attive nel coaching.

La Sfcoach, creata nel 1996 da un gruppo di quindici professionisti, è la prima organizzazione che rappresenta il coaching in Francia; essa raggruppa oggi circa 700 membri che esercitano come indipendenti, in studi di consulenza o nelle aziende come coach interni. La vocazione di questa società è di partecipare ai processi di professionalizzazione, di riconoscimento e di promozione del mestiere di coach e di creare uno spazio di scambi e di miglioramento delle pratiche tra professionisti. Ispirandosi al campo psicoterapeutico, la Sfcoach ha definito un codice deontologico a cui fare riferimento. Il codice specifica una serie di doveri del coach, rispetto alla sua pratica, al cliente, all'organizzazione e ai suoi colleghi. Altro vettore importante della sua azione consiste nell'attuazione di un percorso di accreditamento, che deve garantire ai terzi committenti ed utilizzatori la qualità professionale dei suoi membri accreditati. La Sfcoach si è così impegnata in una politica di valutazione volontaria per i membri che ne fanno richiesta: al termine del processo di valutazione istituito da un comitato di consenso i membri iscritti possono accedere a due status: il titolo di «Membro titolare della Sfcoach», che richiede un minimo di anni di lavoro su di sé e una pratica professionale confermata, e il titolo di «Membro associato della Sfcoach», che riconosce il livello professionale di un coach impegnato nel percorrere una strada di sviluppo professionale e personale e il cui livello di esperienza e di pratica è più recente. Infine la Sfcoach è un luogo di incontri, di scambi e di approfondimento delle pratiche attraverso un certo numero di manifestazioni, conferenze, pubblicazioni ad uso dei suoi membri e verso l'esterno, per la promozione del coaching.

L'Icf è un'associazione internazionale di coach, di origine americana, fondata nel 1992 e che nel 2005 contava 7.500 membri in 31 paesi. Nel 2001 è stata creata una sezione francese (chiamata con il termine inglese *chapter*); essa raggruppa oggi 160 iscritti. Circa nello stesso periodo nasce anche in Italia la Federazione italiana coach (Fic) come sezione della stessa Icf, che attualmente conta un centinaio di iscritti.

Queste associazioni intendono contribuire, in ogni paese, allo sviluppo della pratica del coaching attraverso impegni etici, una rappresentazione e una promozione del coaching nei confronti di committenti ed utilizzatori, una riflessione sul futuro della professione, uno scambio di prassi e di procedure di certificazione secondo normative internazionali per professionalizzare il mestiere di coach. Un aspetto importante rispetto ad altre organizzazioni consiste nell'importanza attribuita all'appartenenza ad una rete internazionale e multiculturale. Da notare che nei vari paesi, fra i quali l'Italia, l'Icf promuove la formazione dei coach facendo riferimento a standard comuni di accreditamento. Infatti, l'Icf ha stabilito tre livelli di accreditamento rispondenti a precisi criteri di formazione e di pratica del coaching: il livello di Coach associato accreditato (Acc o *Associate certified coach*), che esige 60 ore di formazione al coaching e 250 ore di pratica con i clienti; il livello di Coach professionale accreditato (Pcc, *Professional certified coach*), che richiede 125 ore teoriche e 750 di pratica; e, infine, il livello di Coach master accreditato (Mcc, *Master certified coach*) che prevede 200 ore di formazione e 2.500 di attività pratica. La procedura di accreditamento comporta il superamento di un esame di fronte a dei pari, nel corso del quale viene verificata la padronanza delle competenze essenziali del coach. I criteri di accreditamento sono gli stessi in ciascun paese e tutti i coach Icf devono rispondere ai medesimi standard professionali.

Considerando la natura complessa delle competenze e la fluidità dei requisiti per svolgere il lavoro di coach le associazioni professionali hanno un ruolo rilevante nella strutturazione, regolazione e professionalizzazione di un mercato del coaching relativamente giovane. La loro azione si può esercitare a molteplici livelli in una prospettiva di salvaguardia degli utenti di questo servizio alle persone. Per cominciare, quello della deontologia: esse formulano un codice di funzionamento e di «buone pratiche» che rinvia ciascuno alla propria etica e responsabilità. Quello dell'accreditamento: esse individuano ed attuano procedure di riconoscimento delle competenze che offrono garanzie per i committenti e gli utilizzatori. Quello dello scambio di informazioni, dell'approfondimento delle conoscenze e della promozione del coaching: esse integrano esperti, clienti, committenti ed altre parti interessate allo sviluppo di questo mercato.

CAPITOLO OTTAVO

PROSPETTIVE DEL COACHING

1. *Dalla crescita alla maturità*

Negli ultimi cinque anni si è assistito ad uno sviluppo sostanziale del coaching per quanto concerne sia la domanda sia l'offerta dei servizi. È sintomatico che i media facciano da eco e alimentino l'importanza crescente di una professione che, ormai al di là del fenomeno di moda, presenta caratteri specifici e risponde a dei bisogni reali e persistenti.

Facendo riferimento alla curva classica del ciclo di vita di un prodotto (costituita da quattro fasi: introduzione, crescita, maturità, declino) il coaching appare – in Francia e in altri paesi europei – in una fase di crescita, dopo la fase d'introduzione tra la fine degli anni '80 e l'inizio degli anni '90, che rallenterà gradualmente con l'arrivo a maturità del mercato (concorrenza crescente, pressione dei compratori, rischio di banalizzazione del servizio, ecc). L'esperienza di mercati più sviluppati come quello americano è, a questo titolo, ricco di insegnamenti per i paesi europei, anche se le rilevanti differenze socioculturali suggeriscono una certa prudenza. La maturazione del mercato francese è in cammino, mentre nel caso italiano ci troviamo ancora in una fase di promozione.

Certo si possono fare ipotesi sullo sviluppo e i tempi futuri. *Da una parte* una crescita della domanda sostenuta da una maggiore penetrazione del mondo dell'impresa (per ora soprattutto grandi società, ma più lentamente potrebbero essere coinvolte piccole e medie imprese), una maggiore diffusione del coaching ai livelli intermedi delle organizzazioni, un ampliamento continuo del campo di applicazione del coaching, in collegamento o talvolta in sostituzione parziale di altre modalità, come la consulenza o la formazione, il maggiore ricorso al coaching di accompagnamento di gruppo (nelle fasi di transizione, di definizione di nuove strategie o di nuovi strumenti di management), una politica di più forte differenziazione dei professionisti per settore di attività, per zona geografica, per tipo di coaching (ad esempio, il coaching interculturale, il coaching di sviluppo). *Dall'altra parte* le pressioni verso una maggiore trasparenza del mercato, una migliore informazione e richieste più definite da parte di committenti e di utilizzatori, una maggiore importanza attribuita alle procedure di certificazione, un'accurata professionalizzazione delle procedure di acquisto del coaching (con un ricorso crescente ai bandi pubblici di offerta), una più precisa richiesta di certificazione degli obiettivi e dei risultati del coaching, una maggiore concorrenza tra coach e una pressione tariffaria in aumento, in particolare per le «offerte standard».

2. *Coaching interno*

Al di là del ricorso a professionisti esterni, che è tipico nella fase di avvio di una nuova professione, le aziende tendono sempre più spesso a instillare tra le loro risorse manageriali principi e metodi di coaching e consentono così alle persone di svilupparsi e di arricchire le loro competenze mettendole a servizio dell'organizzazione. Si assiste così, recentemente, alla comparsa nelle organizzazioni delle funzioni di «coach interno» o di «coach manager».

Questi sviluppi sottolineano l'interesse verso un percorso interno di ottimizzazione della performance attraverso il coaching, anteponendolo alle difficoltà e ai paradossi inerenti a queste posizioni. Da un punto di vista pragmatico, abbiamo visto l'interesse e la ricchezza della posizione di coach che, al di là delle costrizioni di una situazione data, appare come operatore con un metodo, con suoi specifici strumenti, un modo di ascoltare, di fare domande, di strutturare e mobilitare energie per fare progredire ed evolvere, congiuntamente al cliente, una concreta problematica. Le sue competenze possono essere attivate in un certo numero di situazioni. Per di più, il consulente interno presenta il vantaggio di conoscere l'azienda in profondità, le sue pratiche, la sua cultura e quindi di condividere, già dall'inizio, un vocabolario e un quadro di riferimento comuni con il cliente; tutto ciò lo può rendere più credibile e gli permette di guadagnare tempo. È anche importante citare la questione finanziaria, cioè il minore costo dell'intervento interno.

In compenso, le difficoltà legate al fatto di avere un coach interno all'organizzazione sono intrinseche alla natura del coaching che – come abbiamo visto – richiede una neutralità, un'oggettività e una confidenzialità indispensabili al suo esercizio. Questo accade perché in effetti il coach non fa parte del sistema organizzativo del cliente (anche se egli è costantemente minacciato di essere catturato da questo ultimo). In tal modo il coach svolge, al meglio, questa funzione di specchio, di osservatore esterno «non contaminato» ed è in posizione «meta» al servizio del cliente. L'ambiguità è acutizzata nelle situazioni gerarchiche dirette dove problematiche comuni attraversano coach e cliente: ciò forza spesso a scegliere tra funzione di manager e di coach. Queste difficoltà suggeriscono l'esistenza di situazioni e di *mission* che si prestano più o meno bene ad un lavoro all'interno o richiedono il ricorso ad un professionista esterno. Tali difficoltà indicano anche l'interesse che può avere un approccio misto, che associa coach interni ed esterni in un programma di coaching globale. Questa modalità combina la conoscenza della cultura e dei bisogni dell'organizzazione, la coerenza del percorso di coaching con l'apporto di una prospettiva esterna, più oggettiva e che permette un relativo distacco e minori intralci derivanti dai giochi psicologici e relazionali interni all'ambiente lavorativo.

3. *Coaching per telefono e e-coaching*

Con lo sviluppo del coaching e la sua crescente diffusione appaiono nuove pratiche come il coaching telefonico e addirittura via Internet. Queste pratiche, da qualche tempo presenti sul mercato americano, dove sono già ampiamente affermate, sono nascenti e ancora marginali nei paesi europei. Esse, tuttavia, mirano a svilupparsi, nonostante l'ambiente socioculturale appaia meno ricettivo. Questi nuovi metodi seguono la scia dello sviluppo della formazione a distanza e dell'e-learning (in particolare, l'apprendimento via Internet) e presentano alcuni vantaggi: una maggiore flessibilità nell'organizzazione dell'attività, la frequenza e le tematiche delle sedute di lavoro, gli importanti guadagni di tempo, un minor costo, una capacità di organizzare dei programmi di coaching per un insieme di persone qualunque sia il luogo dove esse si trovano, la capacità di accompagnare il cliente in «tempo reale» su specifiche problematiche, la possibilità di offrirgli un feedback rapido, un aiuto alla decisione, uno stimolo quando egli ne ha più bisogno, ecc. Gli attuali progressi tecnologici permettono di aumentare l'efficacia di queste modalità operative a distanza: una maggiore accettabilità, affidabilità e confidenza nei confronti dello strumento Internet facilitano il lavoro interpersonale a distanza; la diffusione crescente della videoconferenza ristabilisce il contatto visuale e non solo verbale con l'interlocutore che risulta appropriato al lavoro del coach. Si possono così ricordare alcune applicazioni: il coaching di un emigrato, di un manager di una struttura internazionale, di un manager o di un dirigente che non ha tempo, una situazione di urgenza o di crisi, ecc.

Queste pratiche hanno naturalmente i loro limiti: al peggio, esse sono la negazione stessa dell'interazione che si cercava di stabilire; l'e-coaching può ridurre la relazione alla sua più semplice espressione; strutturalmente molto limitante, il dispositivo tecnologico se non aggiornato rischia di instaurare dei ritardi di risposta che generano frustrazione o, al contrario, un'attesa di risposta rapida che non favorisce affatto l'autonomizzazione. Il coaching tramite telefono, seppure mantenga aperto il canale verbale, crea *impasse* e deficit nella lettura non verbale dell'interazione che invece rappresenta un aspetto indispensabile della comunicazione interpersonale, determinando così una perdita potenziale di informazioni e una riduzione dell'efficacia dell'intervento.

I vantaggi e i limiti del telecoaching invitano ad utilizzarlo con prudenza e pragmatismo in funzione delle circostanze e delle stesse consuetudini e capacità tecniche degli interlocutori. Al fine di ottimizzare l'intervento, è importante creare, innanzitutto, una relazione e un'intesa attraverso un coaching faccia a faccia prima di considerare l'uso del telefono, o addirittura di Internet, se gli imperativi della situazione lo richiedono.

Quando questo ha senso, allora si può immaginare un protocollo di sedute faccia a faccia che sarebbe completato da accompagnamenti telefonici o, in caso di necessità, dalle domande via Internet su delle problematiche specifiche o urgenti o che fanno seguito ad elementi precedentemente emersi nell'interazione diretta. In fin dei conti è il cliente che, in pratica, deve decidere se questo *format* gli consente di avanzare o meno nel suo percorso di crescita, in funzione della sua situazione.

4. *Coaching della persona*

Come si è detto, il coaching è divenuto in questi ultimi anni un termine alla moda seppure, almeno nella lingua italiana, rappresenti un'espressione poco attraente. Questa ampiezza d'uso ha finito con l'annettere un campo molto vasto di pratiche intorno all'espressione piuttosto diffusa e generica di «sviluppo personale». A partire dall'ambiente sportivo, il coaching è stato applicato al contesto professionale, ma anche a quello personale, senza fare specifiche distinzioni (anche l'Icf si muove in tal senso). Questa pratica di azione sulla persona, che si è diffusamente sviluppata negli Stati Uniti sotto la denominazione di *life coaching* o di «coaching centrato sulla persona», è attualmente in piena espansione.

In teoria si potrebbe affermare che non esiste aspetto della vita professionale o personale che non possa beneficiare dello sguardo chiarificatore di un coach che aiuta ad ottimizzare il suo funzionamento stimolando dei cambiamenti positivi. Il coaching diviene quindi una risposta potenziale ad un campo quasi infinito di problematiche, come ad esempio: per migliorare le proprie relazioni, le proprie capacità di comunicazione; per riflettere sulle proprie scelte di carriera o cambiare professione; per ottimizzare il proprio stile di vita; per gestire lo stress nei confronti di un esame; per dare sostegno nella formulazione e nell'attuazione degli obiettivi personali; per trovare un equilibrio tra lavoro e vita privata; per migliorare la stima di sé; per ottimizzare la performance individuale, la gestione del proprio tempo, la presa di decisione; per sostenere le varie transizioni di vita, ecc.

Di questo passo il quadro degli interventi indicati sembra esprimere (ed alimentare) un bisogno continuo di sostegno ed aiuto. Dalle preoccupazioni di natura pratica (persino superficiali) come il coaching sul proprio «look» o per la ricerca dell'«anima gemella» fino ad una riflessione più profonda sul significato da attribuire alla propria vita, il campo del coaching della persona attira un mondo eterogeneo di consulenti, di qualità variabile, che consigliano ed orientano un pubblico altrettanto diversificato che desidera consigli e sostegni. Queste pratiche, la cui efficacia dipende eminentemente dalla qualità e dall'etica del coach, hanno un'utilità che andrebbe verificata con cura, caso per caso e nel corso del tempo, e attraverso specifici strumenti di verifica dei risultati. In certi casi esse apportano un aiuto reale alle persone, facendole procedere in maniera più armoniosa ed efficace, aiutandole a creare un legame sociale significativo; in altri casi esse si rivelano inutili, se non dannose per la persona, aumentando le sue incertezze e dipendenze situazionali (esito paradossale di interventi che dovrebbero in realtà facilitare l'autonomia).

Il coaching centrato sulla persona dovrebbe, in realtà, rinviare ad una vera richiesta di aiuto in una società sempre più complessa, competitiva e individualista dove la persona può sentirsi disarmata quando troppo spesso deve far fronte ad una prescrizione esterna di «fare meglio» o di «essere migliore». Una delle risposte a queste imposizioni è cercare nella relazione con un coach protezione, incoraggiamenti, empatia, informazione, motivazione e, in generale, degli strumenti che consentano di gestire meglio l'incertezza. La difficoltà di trovare il proprio posto è inasprita dall'indebolimento dei riferimenti collettivi e dei legami sociali, ma anche dall'impoverimento delle relazioni interpersonali ristrette: fattori che contribuiscono a rendere fragile l'individuo nella progettazione e gestione della sua esistenza. La diffusione del coaching centrato sulla persona appare così un tentativo di ricreare un legame sociale perduto o allentato; si tratta di una delle espressioni del narcisismo deficitario, in quanto sovrasollecitato da un ambiente che esalta e spinge verso il «sempre di più» e da valori di successo talvolta troppo legati al potere e al denaro. I media partecipano allo stesso modo a questa scalata, talvolta loro malgrado, promuovendo, in maniera fantasmatica, modelli irragionevoli di eccellenza e favorendo confronti spietati tra chi possiede (o si suppone possieda) le risorse per vincere e coloro che non hanno queste possibilità.

CONCLUSIONI

Negli ultimi cinque anni si è avuto un aumento considerevole della notorietà e della diffusione del coaching nel mondo delle imprese. La dimensione del mercato e i bisogni ai quali esso cerca di rispondere suggeriscono che si tratti di un fenomeno duraturo che mira ad imporsi naturalmente come strumento di stimolazione delle competenze e di miglioramento della performance a fianco di altre attività più tradizionali come la consulenza o la formazione. Questo mercato, ancora giovane, resta esposto agli inevitabili eccessi o addirittura alle derive di un settore in fase di rapida crescita; ma questi rischi acquistano una particolare rilevanza date le problematiche umane coinvolte in tale pratica professionale. La crescente sofisticazione delle attese e delle richieste dei clienti, stimolata anche da una maggiore trasparenza del mercato, risulta tuttavia un potente fattore di miglioramento tecnico e di professionalizzazione delle pratiche.

L'apparente debolezza delle barriere all'ingresso della professione di coach è controbilanciata dalla ricchezza del campo di studio e di pratica operativa. Infatti, si devono prendere in prestito dalle teorie dell'organizzazione come anche dall'universo delle scienze umane gli strumenti per affrontare la complessità dei giochi psicologici che si sviluppano nei sistemi di interazione tra il cliente e il suo ambiente e tra il coach e il cliente. Al fine di «metabolizzare» e di ordinare la massa delle informazioni raccolte, il coach deve sviluppare un saper-fare, fondato su tali teorie e su strumenti efficaci; tale processo aiuta così a far emergere una coerenza nelle scelte d'azione. In seguito, forte di questo saper-fare, egli lo deve dimenticare, liberarsi dalla «compulsione di dire o di fare» per ascoltare l'altro e lasciargli lo spazio per esprimersi e svilupparsi.

Bisogna così che egli apprenda al fine di potere dimenticare meglio, e così tararsi sulla persona che ha di fronte ed esprimere, più semplicemente, un saper-essere ampiamente costituito dall'intesa con il cliente.

Il coaching rappresenta un viaggio di cui tutte le tappe sono interessanti, in particolare le ultime. Dietro l'obiettivo iniziale ed esplicito di un miglioramento delle performance si nascondono, spesso, delle preoccupazioni che toccano le finalità generali dell'azione del cliente e che emergono progressivamente nel corso del coaching. Il ruolo centrale del lavoro di ricerca dell'identità da parte della persona rende in molti casi l'attività professionale un luogo di giochi impegnativi dove la domanda di realizzazione di sé si pone in maniera acuta. Questa ricerca di significato è essenziale nel coaching, in quanto è un fattore di armonizzazione e di allineamento delle credenze e dei valori del cliente che, in cambio, sperimenta esiti favorevoli per la sua performance. Tale ricerca è anche un fattore di crescita poiché fornisce delle ragioni plausibili per innescare una dinamica di aggiustamento o di cambiamento più strutturale che, altrimenti, si scontrerebbe con ostacoli e considerevoli inerzie personali e situazionali.

Questo processo di sviluppo, instaurato a partire da un incontro interpersonale insolito ed esclusivo, è fondato su un saper-fare e un saper-essere; rappresenta una co-costruzione che, in maniera inizialmente insospettabile, sostiene nel cliente il desiderio di diventare ciò che egli è potenzialmente.

RIFERIMENTI BIBLIOGRAFICI

Angel, P. e Mazet, P. (a cura di)
2004 *Guérir les souffrances familiales*, Paris, Puf.

Bandler, R.
2000 *Un cerveau pour changer. La programmation neuro-linguistique*, Paris InterÉditions.
Beck, A.T.
1991 *Cognitive therapy and the emotional disorders*, London, Penguin Books.
Bergeret, J.
2000[8] *Psychologie pathologique. Théorie et clinique*, Paris, Masson.
Bluckert, P.
2004 *The state of play in corporate coaching: Current and future trends*, in «Industrial and Commercial Training», 36, 2, pp. 53-56.

Cardon, A.
2003 *Coaching d'équipe*, Paris, Édition d'Organisation.
Chartier, J.-P.
1993 *Introduction à la pensée freudienne. Les concepts fondamentaux de la psychanalyse*, Paris, Payot et Rivages.
Collignon, G.
1994 *Comment leur dire... La process-communication*, Paris, InterÉditions.
Collins, J.
2001 *Good to great*, New York, HarperCollins.
Cottraux, J.
2001 *Les thérapies cognitives. Comment agir sur nos pensées*, Paris, Retz.
Crozier, M. e Friedberg, E.
1977 *L'acteur et le système*, Paris, Le Seuil.

Delivré, F.
2002 *Le métier de coach*, Paris, Édition d'Organisation.

De Shazer, S.
1999 *Clés et solutions en thérapie brève*, Paris, Satas.
Devillard, O.
2001 *Coacher*, Paris, Dunod.

Elkaim, M.
1995 *Panorama des thérapies familiales*, Paris, Le Seuil.

Feldman, D.C. e Lankau, M.J.
2005 *Executive coaching: A review and agenda for future research*, in «Journal of Management», 31, 6, pp. 829-848.
Frankl, V.
1988 *Découvrir un sens à sa vie*, Paris, Édition de l'Homme.

Godard, A. e Lenhardt, V.
2004 *Engagements, espoirs, rêves*, Paris, Pearson Education France.
Grindler, S.
2003[7] *La Gestalt, une thérapie du contact*, Paris, Homme et Groupes.

Higy-Lang, C. e Gellman, C.
2002 *Le coaching*, Paris, Édition d'Organisation.
Hudson, F.M.
1999 *The handbook of coaching*, San Francisco, Calif., Jossey-Bass.

Ionescu, S.
2000[3] *14 approches de la psycopathologie*, Paris, Nathan.

Kourilsky-Belliard, F.
1999[2] *Du désir au plaisir de changer. Comprendre et provoquer le changement*, Paris, Dunod.
Krazmien, M. e Berger, F.
1997 *The coaching paradox*, in «International Journal of Hospitality Management», 16, 1, pp. 3-10.
Kubler-Ross, E.
1975 *Les derniers instants de la vie*, Genève, Labor et Fides.

Lenhardt, V.
2002 *Les responsables porteurs de sens. Culture et pratique du coaching et du team building*, Paris, Insep Consulting.

Malarewicz, J.-A.
2000 *Systémique et entreprise*, Paris, Village mondial.

2003[2] *Réussir un coaching*, Paris, Pearson Education France.
Mini-Dsm-IV
1996 *Critères diagnostiques*, Paris, Masson.
Mintzberg, H.
1982 *Structure et dynamique des organisations*, Paris, Édition d'Organisation.

Nathan, T., Blanchet, A., Ionescu, S. e Zadje, N.
1998 *Psychothérapies*, Paris, Odile Jacob.
Norcross, J.C. e Goldfried, M.R.
1998 *Psychothérapie integrative*, Paris, Desclée de Brouwer.

Pichault, F. e Nizet, J.
2000 *Les pratiques de gestion des ressources humaines*, Paris, Le Seuil.
Plane, J.-M.
2003[2] *Théorie des organisations*, Paris, Dunod.

Stewart, I. e Joines, V.
1991 *Manuel d'analyse transactionnelle*, Paris, InterÉditions.

Tanucci, G. e Cortini, M.
2005 *Tra counselling e formazione nello sviluppo organizzativo: l'evoluzione del coaching*, in A. Di Fabio e S. Sirigatti (a cura di), *Counselling. Prospettive e applicazioni*, Firenze, Ponte alle grazie, pp. 239-258.

Watzlawick, P., Helmick-Beavin, J. e Jackson, D.
1972 *Une logique de la communication*, Paris, Le Seuil.
Whitmore, J.
2004[3] *Coaching for performance*, London, Nicholas Brealey Publishers.
Wright, J.
2005 *Worplace coaching: What's it all about*, in «Work», 24, pp. 325-328.

Finito di stampare nel maggio 2008
dalle Arti Grafiche Editoriali Srl, Urbino

UNIVERSALE PAPERBACKS IL MULINO

STORIA

Schrenk F., *L'alba dell'umanità*
Hrouda B., *La Mesopotamia*
Cancik-Kirschbaum E., *Gli assiri*
Jursa M., *I babilonesi*
Hertel D., *Troia*
Schlögl H.A., *L'antico Egitto*
Jánosi P., *Le piramidi*
Clauss M., *Israele nell'età antica*
Wiesehöfer J., *La Persia antica*
Demandt A., *I celti*
Pekáry T., *Storia economica del mondo antico*
Brizzi G., *Il guerriero, l'oplita, il legionario. Gli eserciti nel mondo classico*
Lotze D., *Storia greca. Dalle origini all'età ellenistica*
Funke P., *Atene nell'epoca classica*
Baltrusch E., *Sparta. Storia, società, cultura*
Gehrke H.-J., *Alessandro Magno*
Gschnitzer F., *Storia sociale dell'antica Grecia*
Price S., *La religione dei greci*
Braccesi L., *La Magna Grecia*
Prayon F., *Gli etruschi*
Bringmann K., *Storia romana. Dalle origini alla tarda antichità*
Alföldy G., *Storia sociale dell'antica Roma*
Cenerini F., *La donna romana. Modelli e realtà*
Huss W., *Cartagine*
Dickmann J.-A., *Pompei*
Jehne M., *Giulio Cesare*
Christ K., *Breve storia dell'impero romano*
Eck W., *Augusto e il suo tempo*
Malitz J., *Nerone*
Brandt H., *L'epoca tardoantica*
Gabba E., *Storia e letteratura antica*

Vincent C., *Storia dell'Occidente medievale*
Wolfram H., *I germani*
Azzara C., *Le invasioni barbariche*
Azzara C., *L'Italia dei barbari*

Meier M., *Giustiniano*
Ravegnani G., *Imperatori di Bisanzio*
Ravegnani G., *I Bizantini in Italia*
Ravegnani G., *Bisanzio e Venezia*
Faroqhi S., *L'impero ottomano*
Halm H., *Gli arabi*
Ducellier A. e Micheau F., *L'Islam nel Medioevo*
Campanini M., *Averroè*
Möhring H., *Saladino*
Becher M., *Carlo Magno*
Flori J., *Le crociate*
Contamine P., *La guerra dei Cent'anni*
Brunner O., *Storia sociale dell'Europa nel Medioevo*
Flori J., *La cavalleria medievale*
Azzara C., *Il papato nel Medioevo*
Watt M., *Cristiani e musulmani*

Burke P., *Il Rinascimento*
Reinhardt V., *Il Rinascimento in Italia*
Braudel F., *Espansione europea e capitalismo. 1450-1650*
Riese B., *I maya*
Prem H.J., *Gli aztechi*
Julien C., *Gli inca*
Kaufmann T., *Lutero*
Schmidt G., *La guerra dei Trent'anni*
Rawlings H., *L'Inquisizione spagnola*
Rady M., *Carlo V e il suo tempo*
Palmer M.D., *Enrico VIII*
Woodward G., *Filippo II*
Monter W., *Riti, mitologia e magia in Europa all'inizio dell'età moderna*
Weisser M.R., *Criminalità e repressione nell'Europa moderna*
Behringer W., *Le streghe*
Naphy W. e Spicer A., *La peste in Europa*
Labatut J.-P., *Le nobiltà europee. Dal XV al XVIII secolo*
Tenenti A., *Dalle rivolte alle rivoluzioni*
Campbell P.R., *Luigi XIV e la Francia del suo tempo*
Marshall W., *Pietro il Grande e la Russia del suo tempo*
Outram D., *L'Illuminismo*
Forrest A., *La Rivoluzione francese*
Criscuolo V., *Napoleone*

Meriggi M., *Gli stati italiani prima dell'Unità. Una storia istituzionale*
Beales D. e Biagini E.F., *Il Risorgimento*
Breuilly J., *La formazione dello stato nazionale tedesco (1800-1871)*
Mitchell R., *La guerra civile americana*
Price R., *Le rivoluzioni del 1848*
Betts R.F., *L'alba illusoria. L'imperialismo europeo nell'Ottocento*

Carbone G., *L'Africa. Gli stati, la politica, i conflitti*
Mason J.W., *Il tramonto dell'impero asburgico*
Hösch E., *Storia dei Balcani*
Ivetic E., *Le guerre balcaniche*
Bozarslan H., *La Turchia contemporanea*
Campanini M., *Storia del Medio Oriente. 1798-2006*
Greilsammer I., *Il sionismo*
Robson S., *La prima guerra mondiale*
Goldstein E., *Gli accordi di pace dopo la Grande guerra. 1919-1925*
Overy R.J., *Crisi tra le due guerre mondiali 1919-1939*
Wood A., *La rivoluzione russa*
McCauley M., *Stalin e lo stalinismo*
De Grand A.J., *L'Italia fascista e la Germania nazista*
Williamson D.G., *Il Terzo Reich*
Corni G., *Hitler*
Browne H., *La guerra civile spagnola. 1936-1939*
Schreiber G., *La seconda guerra mondiale*
Engel D., *L'Olocausto*
Lorenzini S., *L'Italia e il trattato di pace del 1947*
Betts R.F., *La decolonizzazione*
Smith J., *La guerra fredda. 1945-1991*
Fowkes B., *L'Europa orientale dal 1945 al 1970*
Gökay B., *L'Europa orientale dal 1970 a oggi*
Thomaneck J.K.A. e Niven B., *La Germania dalla divisione all'unificazione*
Fraser T.G., *Il conflitto arabo-israeliano*
Lee S.H., *La guerra di Corea*
Hall M.K., *La guerra del Vietnam*
Pirjevec J., *Serbi, Croati, Sloveni. Storia di tre nazioni*
Prévélakis G., *I Balcani*
Tuchtenhagen R., *Storia dei paesi baltici*

Flinn M.W., *Il sistema demografico europeo (1500-1820)*
Grigg D., *Storia dell'agricoltura in occidente*
Mokyr J., *Leggere la rivoluzione industriale*
Wrigley E.A., *La rivoluzione industriale in Inghilterra*
Zamagni V., *Dalla rivoluzione industriale all'integrazione europea. Breve storia economica dell'Europa contemporanea*
Osterhammel J. e Petersson N.P., *Storia della globalizzazione*
D'Alberti M., *Poteri pubblici, mercati e globalizzazione*
Cohen J. e Federico G., *Lo sviluppo economico italiano. 1820-1960*
Toniolo G., *Storia economica dell'Italia liberale 1850-1918*

Burke P., *La storia culturale*

STUDI RELIGIOSI

Dan Cohn-Sherbok e Lavinia Cohn-Sherbok, *Breve storia dell'ebraismo*
Champeaux J., *La religione dei romani*
Winkelmann F., *Il cristianesimo delle origini*
Watt W.M., *Breve storia dell'Islam*
Brooke R. e Brooke C., *La religione popolare nell'Europa medievale*
Merlo G.G., *Eretici ed eresie medievali*
Schorn-Schütte L., *La riforma protestante*
Alberigo G., *Breve storia del concilio Vaticano II (1959-1965)*

FILOSOFIA

Kerferd G.B., *I sofisti*
Figal G., *Socrate*
Melling D.J., *Platone*
Ackrill J.L., *Aristotele*

De Libera A., *La filosofia medievale*
Rudolph U., *La filosofia islamica*
Horn C., *Sant'Agostino*
Schönberger R., *Tommaso d'Aquino*

Bloch E., *Filosofia del Rinascimento*
Cottingham J., *Cartesio*
Tuck R., *Hobbes*
Yolton J.W., *John Locke*
Ayer A.J., *Voltaire*
Wokler R., *Rousseau*

Höffe O., *Immanuel Kant*
Schnädelbach H., *Hegel*
Taylor C., *Hegel e la società moderna*
Murphy J.P., *Il pragmatismo*
Wetz F.J., *Husserl*
Stokes G., *Popper*

Jung M., *L'ermeneutica*
Gehlen A., *Prospettive antropologiche. L'uomo alla scoperta di sé*
Russ J., *L'etica contemporanea*
Campanini M., *Il pensiero islamico contemporaneo*

Bechtel W., *Filosofia della mente*

STORIA E FILOSOFIA DELLA SCIENZA

Grant E., *La scienza nel Medioevo*
Butterfield H., *Le origini della scienza moderna*

Drake S., *Galileo*
Westfall R.S., *La rivoluzione scientifica del XVII secolo*
Howard J., *Darwin*
Coleman W., *La biologia nell'Ottocento*
Harman P.H., *Energia, forza e materia. Lo sviluppo della fisica nell'Ottocento*
Bernstein J., *Einstein*
Granger G.G., *La scienza e le scienze*
Kosso P., *Leggere il libro della natura. Introduzione alla filosofia della scienza*

CRITICA LETTERARIA

Marazzini C., *Breve storia della lingua italiana*
Fornasiero S. e Tamiozzo Goldmann S., *Scrivere l'italiano. Galateo della comunicazione scritta*
Antonelli G., *L'italiano nella società della comunicazione*

Casadei A., *La critica letteraria del Novecento*
Meyer M., *La retorica*
Bertoni A., *La poesia. Come si legge e come si scrive*
Renzi L., *Come leggere la poesia*
Beltrami P.G., *Gli strumenti della poesia. Guida alla metrica italiana*

Powell B.B., *Omero*
de Romilly J., *La tragedia greca*
Fontaine J., *La letteratura latina cristiana*
Wapnewski P., *La letteratura tedesca del Medioevo*
Zink M., *La letteratura francese del Medioevo*
Mölk U., *La lirica dei trovatori*
Dronke P., *Dante e le tradizioni latine medievali*
Hölscher-Lohmeyer D., *Goethe*
Brombert V., *Stendhal*
Gifford H., *Tolstoj*
Lorenzini N., *La poesia italiana del Novecento*
Bottoni L., *Storia del teatro italiano. 1900-1945*

MUSICA E SPETTACOLO

Dahlhaus C. e Eggebrecht H.H., *Che cos'è la musica?*
Besseler H., *L'ascolto musicale nell'età moderna*
Bianconi L., *Il teatro d'opera in Italia*

Maravall J.A., *Teatro e letteratura nella Spagna barocca*
Taviani F., *Uomini di scena, uomini di libro. Introduzione alla letteratura teatrale italiana del Novecento*

PSICOLOGIA E SCIENZE COGNITIVE

Cornoldi C. e Tagliabue M., *Incontro con la psicologia*
Lück H.E., *Breve storia della psicologia*
Cianciolo A.T. e Sternberg R.J., *Breve storia dell'intelligenza*
Oatley K., *Breve storia delle emozioni*
Sanford A.J., *La mente dell'uomo*
Amadei G., *Come si ammala la mente*
Huteau M. e Lautrey J., *I test di intelligenza*
Tabossi P., *Intelligenza naturale e intelligenza artificiale*
Brunas-Wagstaff J., *La personalità*
Burr V., *Psicologia delle differenze di genere*
Chmiel N., *Tecnologia e lavoro. Un approccio psicologico*
Angel P. e Amar P., *Il coaching*
Cassidy T., *Stress e salute*
Conner M. e Armitage C.J., *La psicologia a tavola*
Biondi M. e Tressoldi P., *Parapsicologia. Storia, ricerca, evidenze*

DEMOGRAFIA

Vallin J., *La popolazione mondiale*
Véron J., *Popolazione e sviluppo*
Baldi S. e Cagiano De Azevedo R., *La popolazione italiana. Storia demografica dal dopoguerra ad oggi*
Pugliese E., *L'Italia tra migrazioni internazionali e migrazioni interne*
Gruppo di coordinamento per la demografia - Società italiana di statistica, *Rapporto sulla popolazione. L'Italia all'inizio del XXI secolo*

SOCIOLOGIA

Cavalli A., *Incontro con la sociologia*
Berthelot J.-M., *La costruzione della sociologia*
Elster J., *Come si studia la società. Una «cassetta degli attrezzi» per le scienze sociali*
Giddens A., *Durkheim*
Poggi G., *Incontro con Max Weber*
Hamilton P., *Talcott Parsons*

Coulter J., *Mente, conoscenza, società*
Dubar C., *La socializzazione. Come si costruisce l'identità sociale*
Pisati M., *La mobilità sociale*
Poggi G., *Il gioco dei poteri*
Popitz H., *Fenomenologia del potere*
Neveu E., *I movimenti sociali*
Connell R.W., *Questioni di genere*
Véron J., *Il posto delle donne*

Kaufmann J.-C., *La vita a due. Sociologia della coppia*
Willaime J.P., *Sociologia delle religioni*
Bucchi M., *Scienza e società*
Heinich N., *La sociologia dell'arte*
Bourdon J., *Introduzione ai media*
Menduni E., *Il mondo della radio. Dal transistor a Internet*
Price V., *L'opinione pubblica*
Paccagnella L., *La comunicazione al computer*
Sartori L., *Il divario digitale. Internet e le nuove disuguaglianze sociali*
Steiner P., *Economia, mercati, società*
Sassatelli R., *Consumo, cultura e società*
Poulain J.-P., *Alimentazione, cultura e società*
Kawamura Y., *La moda*
Zimmermann C., *L'era delle metropoli. Urbanizzazione e sviluppo della grande città*
Véron J., *L'urbanizzazione nel mondo*
Vicari Haddock S., *La città contemporanea*
De Marchi B., Pellizzoni L., Ungaro D., *Il rischio ambientale*
Lupton D., *Il rischio. Percezione, simboli, culture*

ANTROPOLOGIA CULTURALE

Rivière C., *Introduzione all'antropologia*
Schneider H.K., *Antropologia economica*
Lewellen T.C., *Antropologia politica*
Segalen M., *Riti e rituali contemporanei*

POLITICA

Rosen K., *Il pensiero politico dell'antichità*
Mertens D., *Il pensiero politico medievale*
Reinhard W., *Il pensiero politico moderno*
Fenske H., *Il pensiero politico contemporaneo*
Laurent A., *Storia dell'individualismo*
Skinner Q., *Machiavelli*
Shklar J.N., *Montesquieu*
McLellan D., *Marx*

Sola G., *Incontro con la scienza politica*
Poggi G., *Lo stato. Natura, sviluppo, prospettive*
Raniolo F., *La partecipazione politica*
Della Porta D., *I partiti politici*

Held D. e McGrew A., *Globalismo e antiglobalismo*
Kellas J.G., *Nazionalismi ed etnie*

Gozi S., *Il governo dell'Europa*
Ziller J., *La nuova Costituzione europea*
Ziller J., *Il nuovo Trattato europeo*
Caciagli M., *Regioni d'Europa. Devoluzioni, regionalismi, integrazione europea*
Lippolis V., *La cittadinanza europea*

Roche J.-J., *Le relazioni internazionali. Teorie a confronto*
Caffarena A., *Le organizzazioni internazionali*
De Guttry A. e Pagani F., *Le Nazioni Unite. Sviluppo e riforma del sistema di sicurezza collettiva*

ECONOMIA

Campiglio L., *Tredici idee per ragionare di economia*

Dasgupta A.K., *La teoria economica da Smith a Keynes*
Mahieu F.R., *Ricardo*
Skidelsky R., *Keynes*
Arndt H.W., *Lo sviluppo economico. Storia di un'idea*

Lafay G., *Capire la globalizzazione*
Solow R.M., *Il mercato del lavoro come istituzione sociale*
Stiglitz J.E., *Il ruolo economico dello stato*
Zanetti G. e Alzona G., *Capire le privatizzazioni*
Foray D., *L'economia della conoscenza*
Benhamou F., *L'economia della cultura*
Benaroya F., *L'economia della Russia*
Boillot J.-J., *L'economia dell'India*
Lemoine F., *L'economia cinese*
Mapelli V., *Il sistema sanitario italiano*

DIRITTO

Ducos M., *Roma e il diritto*
Facchi A., *Breve storia dei diritti umani*
McIlwain C.H., *Costituzionalismo antico e moderno*
Fioravanti M., *Costituzione e popolo sovrano*
De Vergottini G., *Le transizioni costituzionali*
Giannini M.S., *Il pubblico potere. Stati e amministrazioni pubbliche*
Galgano F., *Lex mercatoria. Storia del diritto commerciale*